KB217455

기도로 고질병과 불치병이
치유된 113人의 체험담

크리스천 영성학교

기도로 고질병과 불치병이 치유된 113人의 체험담

신상래 엮음

좋은땅

들어가기

성경에 나오는 수많은 사건 중에서 사람들의 귀를 솔깃하게 만드는 사건은 단연 고질병과 불치병을 고치고 장애를 회복시키는 일들이다. 물론 죽은 자가 살아나고 천사의 도움으로 감옥에서 벗어나는 사건들도 흥미롭기는 하지만, 그게 자신에게 일어날 것이라고 생각하는 사람들이 없기 때문이다. 그러나 고질병과 불치병, 장애는 여전히 현대 시대에도 풀 수 없는 문젯거리가 아닌가? 물론 성경이 기록된 당시에 비해 현대 시대는 의료기술이 놀라울 정도로 발전했으며, 그동안 불치병으로 여겨지던 질환들의 원인이 밝혀져서 치료법이 개발된 것은 사실이다. 그러나 여전히 원인을 알 수 없는 질병들이 널려 있고, 원인을 알았다고 하더라도 치료가 불가능한 영역도 넘쳐 난다. 그래서 성경의 경이로운 사건들을 접하면서, 자신에게도 이런 기적과 이적이 일어났으면 하고 기대하는 이들도 적지 않다. 그러나 기대감이 실망감으로 변하는 시간이 그리 오래 걸리지 않는다. 얼마 지나지 않아 기도로써 고질병이나 불치병이 치유될 수 있다고 믿지 않게 된다. 그래서 크리스천들도 질병이 생기면 그 분야에 유명한 전문의나 병원을 수소문해서 찾아가고 있으며, 완치가 불가능한 정신질환이나 불치병을 가지고 목회자를 찾아가서 읍소해 보았자 돌아오는 대답은 실망스럽기 짝이 없다. 그러면서 기도로 질

기도로 고질병과 불치병이 치유된 113人의 체험담

병을 치유한다는 것은 성경에나 나오는 이야기일 뿐, 현대 시대에도 일어나는 일이 거의 없다는 현실을 깨닫고 꿈을 깨는 것이 정신건강에 좋다는 차가운 현실을 받아들여야 한다.

그렇다면 우리가 믿고 있는 하나님이 전지전능하신 분이며, 과거나 현재나 살아 계셔서 동일하게 존재감을 드러내고 역사하시는 하나님이라는 교회의 가르침은 거짓말이지 않은가? 물론 예배 때의 설교에서 이런 투로 하나님을 소개하고는 있지만 이런 일이 일어날 가능성이 거의 없다는 것도 사실이기 때문에, 대부분의 목사들은 이에 대해 입을 다물고, 웬만하면 무능하고 무기력한 자신의 모습을 드러내는 질문을 받아들이려 하지 않고 있다. 사정이 이렇다 보니, 이단 교회의 사이비 교주나 가짜 치유사역자들이 교회 안팎에 창궐하고 있다. 사실 치유의 능력은 하나님에게만 존재하는 게 아니다. 미혹의 영인 사탄도 나름대로 치유의 능력이 있는 것처럼 속이기 때문에 이에 넘어가는 이들이 허다한 실정이다. 실상 무당들도 굿을 해서 질병을 치유하고 절의 중들도 치유하는 능력을 자랑하기도 하기 때문이다. 그렇다면 이런 치유는 하나님이 아닌 귀신들의 능력이라고 보아야 하지 않겠는가? 그러나 이런 일이 무속 신앙이나 타 종교에서만 일어나는 게 아니다. 기독교 간판을 걸고 소위 내적치유라는 이름을 앞세워 치유사역을 한다는 곳에서 이런 일들이 일어나기도 한다. 내적치유는 심리치료의 기법을 받아들인 것으로 성경적이 아닌 행위들이 적지 않다.

예전에 성령님께서 "영성학교는 응급실이다. 그러므로 그들을 잘 보살펴 주어라."고 말씀하셨다. 사실 영성학교에 어떤 사람들이 찾아오는 지 아는가? 가장 많이 오는 사람들이 정신질환자들이다. 조현병, 우울 증, 강박증, 공황장애, ADHD 등의 정신질환자들이 가장 많다. 왜 이런 환자들이 가장 많은지 아는가? 다른 육체적인 질병들은 세상의 병원에 서 해결받을 수 있다고 믿고 있기 때문이다. 그러나 아시다시피 정신질 환은 완치가 거의 불가능한 질병이다. 그래서 수십 년 동안 정신과 치료 를 받고 있지만 상태가 더욱 악화되어 가는 중에, 영성학교에서 성령내 주 기도훈련을 받으면 어떤 질환이라도 죄다 치유받을 수 있다는 말에 속는 셈 치고 찾아온 사람들이다. 그러나 지금까지 영성학교가 문을 열 고 9년이 넘는 동안, 수많은 사람들에게서 귀신이 쫓겨나가면서 정신질 환과 고질병들이 치유되었다. 물론 필자의 주장을 의심스러워하는 이들 도 적지 않을 것이다. 그동안 교회나 목사들이 입만 열면 안 되는 것이 없다고 얘기해 왔지만, 나중에 알고 보니 허풍이거나 거짓말인 게 드러 났기 때문일 것이다. 그리고 정작 확인하려 해도 진실을 알 수 없지 않은 가? 필자의 말이 궁금하면 국민일보 종교 섹션의 광고란을 촘촘하게 살 펴보시라. 뭐, 성령의 능력으로 기적과 이적이 일어나며 수많은 치유가 일어났고 장애가 회복되었다고 주장하는 교회나 기도원이 널려 있다. 솔직히 그들의 말이 사실이라면, 굳이 비싼 광고비를 들여가면서 신문 에 광고까지 실어야 할 필요가 있을까? 성령의 능력으로 기적이 일어나 서 고질병이 낫는데 비싼 병원비를 들여서 병원에 갈 필요가 없어도 되 므로 수많은 이들이 구름떼처럼 몰려들어야 할 것이다. 그런데 비싼 광 고비를 들여서 광고하는 이유는 사람들이 이들의 말을 신뢰하지 않기 때문이다. 솔직히 말해서 이들을 찾아가면 이런저런 이유를 대면서 엄

기도로 고질병과 불치병이 치유된 113人의 체험담

청난 액수의 헌금을 요구하기 일쑤이고, 이들이 그동안 치유했다는 주장도 객관적인 증거가 없는 경우가 허다하다. 그래서 필자처럼 얘기하는 목사나 기도원 관계자의 말을 신뢰하지 않는 것이다.

그래서 이 책을 펴내게 되었다. 9년이 넘는 세월 동안, 영성학교를 찾아와서 성령내주 기도훈련을 한 사람들에게 어떤 사건이 일어나고 있는지 알려 드리고 싶어서이다. 필자가 하나님을 부르는 기도를 하고 나서 천 번이 넘는 기적을 체험했고, 충주의 한적한 시골에 영성학교를 열고 나서도 천 번이 넘는 기적이 일어났다. 그러나 다른 기적들은 사람들이 확인하기 어려우므로, 병원에서 치유되지 않는 고질병과 불치병이 치유되고 장애가 회복된 사건들을 본인들이 직접 경험한 체험담으로 세간에 알리기로 하였다. 이 책에서 치유경험담을 쓴 사람들은 모두 영성학교에서 만나 확인해 볼 수 있다. 치유사역은 예수님께서 하신 사역이고, 그 뒤를 이어받은 사도들과 제자들이 예수님을 따라 해낸 사역이다. 그래서 이렇게 놀라운 하나님의 역사가 현대를 살아가는 우리에게도 동일하게 일어난다는 것을 밝혀서, 사탄의 권세하에 사로잡혀서 지치고, 무거운 인생의 짐과 고질병과 불치병으로 고통스러워하는 영혼들에게 한 줄기 희망의 빛을 주고 싶다. 그래서 모두가 성령내주 기도를 통해 고질병과 불치병에서 해방되어 기쁘고 즐겁게 살아가면서 하나님을 찬양하고 경배하며 사는 구원받은 백성이 되었으면 좋겠다.

충주의 한적한 시골에서, 쉰목사

목차

논산의 전집사님에게 일어난 경이로운 은혜

저는 2021년 4월 25일 고혈압으로 인한 뇌간출혈(뇌출혈의 일종)로 쓰러져,

1) 상세 불명의 사지마비

2) 삼킴 곤란(연하장애)

3) 복시(물체가 2개로 보임)

4) 경도 인지장애(치매 전단계의 증상)

5) 신경성 방광의 기능장애

6) 고혈압

위의 진단을 받고 재활 치료를 하면서 하나님의 은혜로 많은 부분 호전되고 있었습니다. 그럼에도 여전히 발바닥 감각이 둔한 관계로 걷는데 어려웠을 뿐 아니라, 바닥을 잘 감지하지 못해 몸이 균형을 잡지 못하므로 비틀거리거나 고꾸라지려고 했으며, 왼쪽 눈의 시신경 일부의 마비로 인해 상이 2개로 보이는 복시가 너무 심해서 글자를 읽기가 어려웠

고, 사람이나 사물을 구분하는 데 어려움을 겪었습니다. 오른쪽 청각신경도 손상이 되어서 일상 대화에서 작은 소리가 잘 들리지 않아 힘이 들었습니다. 또 몸 감각을 담당하고 있는 뇌신경이 망가지면서 있지도 않은 감각을 마치 실제 있는 것처럼 느껴, 수시로 견디기 어려운 고통을 받고 있었습니다. 소변 기능도 방광신경과 근육에 문제가 생기면서 수시로 소변을 봐야 했고, 조절이 잘 안되어 실수할 때도 있었습니다. 거기다 더 힘든 것은 인지장애의 문제였습니다. 현저히 나빠져 기억력, 판단력, 공간·시간 감각들이 엉망이 돼버려 멘붕 상태였습니다.

이러한 참기 어려운 몸과 정신의 불편함과 고통으로 하나님을 믿는다고 하면서도 회복에 대한 두려움과 더 안 좋아질지도 모른다는 회의감과 불안감, 두려움으로 하루하루를 보내고 있었습니다. 그러던 차에 우여곡절 끝에 하나님의 놀라운 자비하심과 은혜로 이곳 영성학교로 인도되어 훈련을 시작하게 되었습니다.

이제 1년이 지나면서 살펴본 저의 상태를 말씀드리겠습니다. 가장 먼저 마음의 평강입니다. 그 지긋지긋하던 오만 가지의 두려움, 염려, 걱정이 싹 걷히고 너무도 평안한 매일매일을 살고 있습니다. 그리고 몸의 균형 회복입니다. 발바닥 감각이 많이 좋아져 착지가 안정되면서 서 있거나 걷는 데 큰 어려움이 없습니다. 심지어 평지에서는 조금씩 뛰기도 가능합니다. 청각도 예전과 비슷한 수준으로 회복되어 대화에 큰 어려움이 없게 되었습니다. 복시 문제는 정면과 좌측 방향을 보는 데는 큰 어려움은 없고 우측 방향의 복시가 아직 그대로 있습니다. 그리고 그 무엇보다도 걱정이 되었던 인지장애는 기억력을 제외한 부분에서는 주변 사람들로부터 양호하다는 말을 듣고 있습니다.

또 좋아진 부분은 혈압입니다. 처음 혈압약을 처방받았는데, 보통 사람들은 20~30㎎을 처방받는데, 120㎎, 10㎎ 2알을 처방받아 하루에 140㎎을 복용했습니다. 혈압이 널뛰기를 하여 200 가까이 치솟았다가 갑자기 팍 떨어졌다가 하는 일이 빈번하고 119 구급차로 실려 가는 일도 있었는데, 기도하면서 140㎎을 복용하다가 120㎎으로 1달 동안 낮추어도 문제가 되지 않아 의사와 상의하여 120㎎을 처방받았고, 그 처방의 50%인 60㎎을 1달 동안 복용해도 문제가 되지 않아 다시 의사와 상의하여 60㎎을 처방받고, 또 50%인 30㎎을 1달 동안 복용하고 또 의사와 상의하여 30㎎을 처방받았습니다. 그리고 현재 15㎎을 섭취 중입니다. 한 번 쓰러진 경험이 있기에, 처방을 줄일 때마다 의사는 갸우뚱하면서도 측정하면 정상이니 그냥 요구대로 처방해 주었습니다. 그래서 현재, 약을 줄이고 높이고 하는 것과 상관없이 안정된 상태입니다.

아직도 여전히 회복돼야 할 후유증이 많지만, 이제는 내 육신의 회복은 선하신 하나님께 맡기고, 하나님께서 영성학교를 통해 명령하신 영혼구원 사역의 용사가 되기 위해 오늘도 쉬지 않고 하나님을 부릅니다. 할렐루야, 하나님을 찬양합니다.

기도로 중추신경이 끊어진 전신마비
환자가 회복된 사건

성경에는 앉은뱅이 환자가 일어나고 죽은 사람이 다시 살아난 기적을 소개하고 있지만, 현대 교회에서 이런 일이 일어나는 것을 기대하지 않습니다. 그러나 영성학교는 성령의 명령으로 시작되었으며, 성령의 능력으로 귀신을 쫓아내고 불치병과 고질병을 치유하고 삶의 모든 문제를 해결하면서 영혼구원 사역을 하면서 사역을 진행하고 있습니다. 지금까지 수많은 기적과 이적들이 일어나서 정신질환과 고질병이 치유된 사건은 수도 없이 많습니다. 그래서 영성학교에서 일어나는 경이로운 치유의 사건은 그다지 놀랍지 않습니다. 그러나 불과 1달 전에 일어난 기적은 현재까지 진행 중입니다. 우리는 우리가 믿고 있는 하나님이 전지전능하시다는 것을 늘 잊지 말아야 할 것입니다. 먼저 영성학교에서 기도 훈련을 하고 있는 정집사님이 핸드폰 문자를 통해 보내온 것을 순서대로 올려드립니다.

10월 2일 문자 :

정집사입니다. 우리 큰아들이 어젯밤에 운동하다가 다쳐서 목에 신경

손상이 생겼다고 합니다. 뇌는 사진상 아무 이상이 없는데 상하체가 현재 마비 상태로 일단 입원했어요. 결과 보면서 병원 옮기든지 해야 할 것 같아요. 기도 부탁드려요.

10월 4일 첫 번째 문자 :

목사님, 오늘 우리 큰아들이 수술한다고 전화 왔습니다. 의사 선생님은 경추 4, 5, 6번 신경이 모두 죽었다고, 수술을 해도 목 아래 전신은 못 쓰게 된다고 하셨답니다.

10월 4일 두 번째 문자 :

수술 금방 끝났습니다. 의사 선생님 말로는 수술은 잘되었답니다. 중환자실로 옮긴다고 하네요. 의사 선생님이 손이 좀 올라간다고 기적이라 하시네요.

10월 6일 문자 :

바빠서 이제 보냅니다. 소식이 늦어서 죄송합니다. 큰아들은 어제 점심때 일반 병실로 옮겼어요. 팔도 올라가고 발에도 감각이 좀 있다고 합니다. 오늘은 재활하고 있다고 해요.

10월 7일 문자 :

아들은 아직 누워 있는 상태이고 손과 발은 약간씩 움직이는데 손가락은 못 움직입니다. 의사 선생님 말로는 본인의 재활 의지가 제일 중요하고, 병원에서 6개월 정도 있으면서 재활 치료해야 한다고 합니다. 영성학교에서 기도해 주서서 감사합니다.

10월 21일 문자 :

병원에 11일째 상주해 있습니다. 아들은 재활을 잘하고 있습니다. 손가락과 하체는 재활을 통해 조금씩 근력이 생기고, 움직임은 아직 많지 않고 조금씩 좋아지고 있다고 합니다. 재활을 얼마나 열심히 하느냐에 따라 결과가 나오겠지요. 병원에서는 이런 사례가 거의 없으니까 병원에서도 말할 수 없는 것 같아요.

10월 27일 문자 :

오늘 다리가 자신의 생각대로 움직여졌다고 합니다. 할렐루야!

손가락은 아직 미세한 움직임만 되고 힘이 없어요. 팔은 재활을 통해 어느 정도 힘이 생기고 좋아지고 있어요. 기도하시는 분들의 기도 응답일 것입니다.

이 사건들은 불과 1달이 채 되지 않았지만, 우리 영성학교 식구들에게 여러 번 중보기도를 부탁하여 놀라운 기적이 일어난 내용입니다. 우리 식구들에게 기도 부탁을 할 때마다 간절히 기도해 주서서 하나님께서 일을 하신 것입니다. 물론 정집사님 아들이 온전하게 회복되어 정상인처럼 일어나 활동하게 될 때까지는 더 많은 하나님의 도우심과 기적이 필요할 것입니다. 그러나 의사가 불가능하다고 진단한 전신마비 환자가 회복된다는 사실만 하더라도 하나님이 살아 계시다는 증거가 아니고 무엇이겠습니까?

3

뇌경색이 치유된 놀라운 사건

    뇌경색은 목 부분에 있는 경동맥, 척추-기저동맥에서부터 우리 뇌 안의 아주 작은 지름의 동맥까지로 어디서든 혈관이 막힐 수 있으며, 이로 인해 혈관이 지배하던 부위의 뇌가 괴사함으로써 지속적인 증상이 남게 되는 질환입니다. 뇌세포가 괴사하면서 정상적인 생활이 불가능한 질병입니다. 예전에 필자가 대전에서 기도훈련을 하던 시절, 어느 자매의 어머니가 뇌경색 선고를 받으셨습니다. 이 자매는 사업 실패에 의한 악성부채로, 편의점 아르바이트를 하면서 옥탑방에서 뇌경색으로 쓰러진 어머니를 돌봐야 하는 삼중고의 힘든 삶의 나락에 빠졌습니다. 그래서 매일 전철을 타고 가서 어머니를 먹이고 입히고, 빨래하고 돌보아야 했습니다. 그런 와중에 필자에게 기도훈련을 요청하였습니다. 그러나 2~3달이 지나도 삶에 지쳐서 기도에 전념할 수가 없었습니다. 그래서 기도가 지지부진하여, 필자가 돌직구를 사정없이 날렸던 기억이 납니다. 기도할 시간이 없어, 편의점 아르바이트를 마치고 전철을 타고 가면서 울면서 기도했다고 합니다. 그러던 중 어머니가 정신이 온전하게 돌아왔다고 기쁜 소식을 전했습니다. 일상생활이 가능하게 된 것은 물론, TV에서

기도로 고질병과 불치병이 치유된 113人의 체험담

경기하는 선수들의 이름도 정확하게 기억하면서 말했다고 합니다. 이 사건은 충주에서 영성학교를 열기 전의 일이라 가물가물하며, 이후 이 자매와의 연락이 끊겨서 그 후의 소식은 알 수 없습니다.

4

고혈압, 치매, 알츠하이머 질환이 치유된 사건

영성학교 공동체 자매의 어머니에게 일어난 일입니다. 자매의 어머니는 고혈압, 당뇨, 치매, 알츠하이머뿐 아니라, 자매가 중보기도를 시작하자 귀신의 증상이 드러나 영성학교에 와서 필자에게 축출기도를 받았습니다. 지금은 증상이 완화되었으며, 집에서 기도하는 중입니다. 예전에 이 자매가 어머니의 증상을 필자에게 카톡으로 보내 주었기에 찾아서 올립니다.

이 자매가 기도한 지 보름 되었을 때의 편지 :

성경을 읽고 있는데 방금 엄마한테 전화가 왔어요. 사실 저한테 전화하시는 것도 놀라워요. 전화 거는 방법도 잊어버리셨거든요. 전화 왜 안 받았냐고 물으니까, 친구 집에 놀러 갔다가 방금 들어왔다고…. 깜짝 놀라서 엄마 혼자 갔냐고 했더니 혼자 갔다고, 길을 어떻게 알고 갔냐고 하니까 원래 알고 있었다고…. 치매 환자라서 두 정거장밖에 안 되는 교회도 못 찾아갔는데, 친구 집에 혼자 찾아갔다니 놀랐어요. 말씀하시는 거 보면 기억이 웬만큼 돌아오신 거 같기도 하고, 놀라움의 연

속이에요.

　전에 엄마한테 하나님 부르는 기도 알려드렸는데(힘주고 간절히, 이런 건 얘기 안 하고), 자꾸 잊어버리셔서 제가 종이에 써서 식탁 앞에 놓아드렸거든요. 시편 23편과 하나님 부르는 기도, 힘들 땐 예수 피 기도 그거 보고 그냥 읽으시라고요. 그런데 그것도 잊어버리고 안 하시는데…. 참, 작년에 치매 오면서 오른쪽 눈도 90% 실명 진단받았거든요. 그 이후로 걸음걸이가 이상해지면서, 얼마 전 파킨슨 진단받으신 거예요. 아랫니도 갑자기 빠지고…. 정말 1년 사이에 온갖 질병이 다 생긴 거예요. 방금도 하나님 부르는 기도 꼭 하라고 알려드렸어요. 근데 안 하시는 거 같아요. 제가 잔소리처럼 기도하라고 늘 말씀드려요. 기도하기 전에는 절망적이었는데, 하나님을 믿고 찾으니 이런 기적이 찾아오네요. 하지만 더 중요한 성령을 구해야겠죠.

1년 후의 자매의 편지 :
　부정적인 말만 입에 달고 계셨는데, 이제는 긍정적인 말씀만 하시고 표정도 밝아지셨어요. 집안일도 조금씩 하시고 늦도록 아침잠 주무셨는데, 아침에도 일찍 일어나시고 웃음이 끊이질 않아요. 이번 주 월요일에 엄마의 모든 약을 끊었습니다. 당뇨, 고지혈, 치매 등 모두 8가지 약을 드셨는데 몽땅 끊게 했구요(혈압약은 의사의 권유로 끊음). 그 이후로 당수치를 재 보니 정상으로 돌아왔어요. 공복에 당수치를 재 봐도 평균 200을 넘기셨는데 정상권으로 돌아오셨어요. 아빠는 기도의 습관을 들이신 거 같아요. 기도 안 하고 누워 있으면 찜찜하고, 해야 할 일을 안 하신 거 같다고 하세요. 단, 체력적으로 1시간씩 기도하시는 게 힘드셔서 1회 기도를 30분씩 나눠서 하고 계세요. 아침기도 30분씩 2회, 점심기도 30분씩 2회 이런 식으로요.

당뇨병이 회복되는 권사님의 고백

당뇨가 발병한 지는 10여 년이 지났습니다. 2010년부터 5년간 병원처방전으로 당뇨약을 먹고 그 후유증으로 밥맛을 잃고 몸무게가 5~6kg 정도 빠지면서 병원 약을 끊고 민간요법으로 치료했지만, 잘 안돼 약 대신에 인슐린 펌프를 선택해서 사용하고 있습니다.

당뇨 후유증으로 5년 정도 전부터 왼쪽 눈에 황반변성이 시작되었고 또 각막이 패이는 문제가 있어서 시력이 저하되고 강한 햇빛에 노출되면 눈이 시렵고 눈물이 나서 보안경을 써야 했습니다. 병원에서도 특별한 치료 방법이 없어 처방약도 없는 상황에서 그냥 진행 상태를 두고 보자고 했습니다. 일상생활에는 큰 불편을 느끼지 못했지만, 책을 읽을 때는 왼쪽 눈을 감고(자동적으로 감겨요) 보아야 해서 쉽게 피로해져 2장 정도 읽으면 불편해서 더 이상 읽을 수가 없었습니다.

그리고 일을 좀 많이 하고, 몸이 피로하면 왼쪽 눈에 눈곱이 자주 생기면서 밀려 나왔습니다. 그런데 최근 한 보름 전부터 성경을 읽는데, 왼쪽 눈을 감지 않고 읽게 되었고, 5~6장 정도 읽어도 눈의 피로감이 없다는 것을 발견했습니다. 밤에 자고 나면 눈에 끼이던 것들도 사라졌습니다. 저로서는 엄청난 일입니다. 7월부터 대전 영성학교에서 기도하면서, 대사성 질병에 좋다는 식단으로 변화를 주면서 2~3개월 정도 실천하고 있습니다. 저는 이 모든 것이 주님의 은혜라고 생각합니다. 감사드립니다.

6

유방암이 사라진 놀라운 사건

할렐루야! 하나님 만세!

안녕하세요. 유방암 3기 치료받고 있는 권집사입니다. 지난 4월 25일 12시간의 긴 수술을 받고 5일간 고열로 고생했지만 3주차 현재 잘 회복하고 있습니다. 많은 분들이 기도해 주셨다고 전해 들었습니다. 정말 감사드립니다. 여러분들의 기도에 신실하신 하나님께서 응답해 주셨기에 간증문을 올려드립니다.

하나님께서 하신 일, 이건 기적입니다!

지난 3월, 수술 전 검사에서 림프절 전이가 남아 있었고 수술할 때 림프절을 제거하기로 했습니다. 수술 시 생검했는데 암이 하나도 발견되지 않아 림프절을 모두 살려낼 수 있었습니다. 덕분에 팔을 자유롭게 움직일 수 있습니다. 또한 수술할 때 떼어낸 조직검사에서 암이 발견되지 않았습니다. 암이 완전관해되었습니다.

작년 9~10월 6주 만에 1기에서 3기가 될 정도로 빠르게 자랐던 암 때문에 마음속 깊은 좌절감이 생겼었습니다. 신앙이 뭘까? 믿음이 뭘까? 기도조차 할 수 없는 시간들이었습니다. 항암을 하면서도 계속 악한 자들과 법적 다툼을 해야 했기에 온몸의 진이 다 빠져나갔고, 하나님 앞에 할 말을 잃고 엎드려 있기만 했었습니다. 겉으로는 씩씩했으나 내면은 아니었습니다. 세 아이들의 불안을 없애기 위해 더 일하고 더 힘내서 온 마음을 다해 살 수밖에 없는 저는 보통의 엄마였습니다.

계속된 고난 중 하나님은 침묵하셨고, 지난 10여 년 몸부림치며 벗어나고 싶어 죽어라 노력할수록 더 꼬였던 삶이었습니다.

항암치료가 시작되니 아무것도 할 수 없었습니다. 기도조차 하지 못하는 저를 위해 지인들이 모여 영상에서 함께 기도해 주셨습니다. 코치님께서 어떻게 기도해야 하는지, 악한 영을 어떻게 분별하는지 자세히 알려 주셨고, 책자를 보며 하나님의 이름을 부르기 시작했습니다. 기도는 저를 버티게 해 주었습니다. 악한 영을 대적하고 하나님에 대한 오해를 풀고 내 멋대로 살아온 것을 회개하였습니다. 매일 기도가 거듭될수록 제 안의 좌절감은 희미해지고 더욱 강력한 성령의 불을 원하며 치유와 회복을 주실 것을 확신하게 되었습니다. 하나님을 신뢰하니 매일 더욱 평안해졌습니다.

수술 직후 갑자기 몇 개의 문자가 왔습니다. 그저께 유방외과와 혈액종양내과 교수님들이 암이 완전관해되었다며 두 손 들고 "만세! 100점입니다!"를 외쳐 주셨습니다. 병원 원무과 앞 대기 의자에 앉아 얼마나 울었는지 모릅니다. 암이 완전관해된 것보다 더 기쁜 것은, 하나님이 나를 돌보신다는 것, 나는 하나님께 사랑받는 자녀라는 것을 이제 확신할 수 있게 되었다는 것입니다.

온 마음을 다해 하나님을 부릅니다. 매일 매순간 하나님의 이름을, 예수님을 조용하지만 간절하게 부릅니다. 은혜가 너무 감사해서요.

방사선치료와 표적항암치료가 연말까지 남아 있습니다. 다 이긴 싸움을 뒷정리하는 느낌이고 이미 다 나았다고 확신합니다. 재발 방지를 위해 남은 치료 잘 받겠습니다. 기도해 주신 모든 분들께 진심으로 감사드리며 하나님께서 더 큰 축복으로 갚아 주시길 기도합니다.

7

불치병인 터너증후군이 사라진 아기

우집사님 부부의 아들은 결혼 후 몇 해가 지나도 아이가 생기지 않아 노심초사하였습니다. 여러 해가 지나서 드디어 작년 말에 며느리가 임신하게 되었는데 태아검사 결과 X염색체가 하나밖에 없는 터너증후군이라는 안타까운 진단이 나왔습니다. 서울대병원에 가서 재차 검사를 했지만 결과는 변하지 않았습니다. 그래서 우리 식구들에게 기도를 부탁하였고, 얼마 전에 아이가 태어나 다시 검사를 했는데 놀랍게도 지극히 정상이라는 판정이 나왔습니다. 정말 놀라지 않을 수 없는 하나님의 능력이자 우리 식구들의 기도 덕분이 아닐 수 없습니다. 다시 한번 하나님께 영광과 감사를 올려드립니다.

기도로 고질병과 불치병이 치유된 113人의 체험담

8

ADHD 자녀를 둔 부모님의 간증

첫째 아이의 유치원 선생님으로부터 아이의 ADHD 증상을 알게 되었습니다. 선생님은 병원에 가서 검사를 해 보라고 하셨습니다. 아이는 신경정신과 병원에 다니며 ADHD 증상을 줄여주는 약을 먹었습니다. 평생 이렇게 살아야만 하는 아이의 인생이 너무 불쌍했고 부모인 저희도 낙심과 절망뿐이었습니다.

지인의 소개로 크리스천 영성학교 신목사님을 뵙게 되었는데, 약 복용을 중단하고 귀신을 축출하는 기도훈련을 시작하라고 하셔서 저희 부부와 아이들 모두 기도훈련을 하게 되었습니다. 영성학교 축출기도를 통해 몇 년을 훈련한 지금, 중학교 3학년이 된 저희 아이는 귀신에 대한 분별력을 가지고 ADHD를 일으키는 귀신들이 생각을 넣어 주면 영성학교에서 배우고 훈련한 대로 곧바로 예수 보혈로 쳐냅니다. 마귀들이 쫓겨나가는 경험이 쌓여 나가니 지금은 ADHD 행동은 물론 생각까지도 통제할 수 있게 되고 스스로 공부도 하려 합니다. ADHD 역시 귀신들이 일으킨 정신질환임에도, 목사님과 영성학교 코치님들을 만나지 못했다면 이것이 귀신의 소행이라는 것에 대해 완전히 무지했을 것입니다. 저희 아이는 평생 어두운 곳에서 약물로 괴로워하며 지냈을 것이고, 저희 가족들도 귀신의 노예로 살았을 것입니다. 정말 감사합니다.

　기도훈련을 하면 죽은 뇌세포가 다시 살아난다는 목사님의 말씀에 100% 공감합니다. 예수님 말씀의 검이 아이의 영과 혼을 찔러 쪼개 주셔서 새로운 뇌로 바꿔 주심을 제가 옆에서 보고 있습니다. 공부할 때, 기도할 때 머리가 찔러 쪼개지고 더 좋아지는 것 같다고 합니다. 저희 가족은 수많은 영혼들을 귀신의 권세에서 빛이신 예수님께로 인도하는 통로로 쓰임 받는 열매 맺는 인생을 살아가기 위해 성령내주 기도훈련을 계속하고 있습니다.

9

불면증과 공황장애로 시달린 언니를 살린 동생

　부산의 강코치님 언니는 울산에서 살고 있습니다. 오래전에 신앙생활을 하다가 그만두신 후로 세월을 보내다가 2~3년 전부터 회심을 하고 교회 출석을 열심히 하고 있었습니다. 그러던 중 올 초부터 불면증이 심해지고 심지어 공황장애로 인해 끔찍한 시간을 보내고 있었습니다.

　그래서 이를 안타깝게 여긴 강코치님 부부가 하나님을 부르는 기도와 예수 피를 외치는 기도를 해 보라고 권면하였지만 요지부동이었습니다. 그럼에도 매주 찾아가서 집요하게(?) 권면하였지만, 심지어는 오는 것조차 거부할 지경이었습니다. 그러나 병세가 너무 악화되고 잠을 자지 못해 너무 피곤한데도 잠을 잘 수 없으니까 지옥이 따로 없었습니다. 그래서 코치님 부부가 방문해서 축출기도를 하면서 시간이 지나자 놀랍도록 좋아지기 시작했습니다. 지금은 거의 80~90% 정상으로 돌아와서 수면제를 먹지 않아도 저절로 잠이 든다고 기뻐하고 있습니다.

　언니의 남편은 신앙이 없는 분인데도 이번 일로 하나님의 능력에 대해 관심을 갖게 되었으며, 언니는 영성학교의 축출기도 시간이 기다려지고 보혈 찬송이 너무 좋다고 합니다. 박대와 반대에도 불구하고 언니의 영혼을 위해 수고하신 강코치님 부부께 뜨거운 박수를 보내드립니다.

10

영종도 김목사님에게 일어난 경이로운 사건

영종도에 사시는 김목사님은 1년이 넘게 영성학교에 와서 기도훈련과 축출기도를 받으면서 만신창이었던 몸이 많이 회복되고 건강을 되찾았습니다. 그러나 여전히 남아 있는 귀신들이 간헐적으로 공격하고 있는 중입니다. 특히 이번에 근 1달 동안 영성학교에 오지 못하고 집에서 기도하면서 기도의 몰입도가 낮아지면서 귀신들의 공격이 심화된 와중에 일어난 사건입니다.

얼마 전부터 귀신들이 생각으로 욕을 하는 일이 발생하면서, 갑자기 고관절과 골반에 마치 철사줄로 뼈를 뚫어 꽁꽁 묶어놓은 듯한 통증이 느껴지면서 꼼짝달싹 못 하게 되었습니다. 예전에도 골반이 안 좋아서 불편했는데 영성학교에서 축출기도를 받으면서 많이 좋아져 문제가 없었습니다. 그런데 이번에는 심각해서 일어나 화장실을 가는 것조차 힘든 상황이었습니다.

그런 와중에 기도를 하다가 잠이 너무 쏟아져서 비몽사몽간에 꿈을 꾸게 되었는데, 커다란 하얀 공이 목사님 옆에 굴러와서 서 있더랍니다. 그래서 '이게 뭐지?' 하면서 근심스러운 얼굴로 지켜보고 있는데, 갑자기 공이 큰 소리를 내며 폭발하면서 어디선가 "기도를 해라."는 커다란 소리가 들려왔답니다. 너무 소리가 커서 놀라 잠이 확 달아나면서 자신도 모르게 일어나서 미친 듯이 기도를 하게 되었답니다. 그렇게 미친 듯이 기도하다가 또다시 잠이 들었는데, 일어나 보니 골반과 고관절이 씻은 듯이 치유되어서 아무런 통증 없이 걸을 수 있게 되었다고 합니다. 그래서 어제 남편이 태워다 주겠다는 것도 마다하고, 스스로 버스를 타고 영성학교에 오게 되었다는 간증을 하셨습니다.

그래서 저 혼자 듣기 아까워서 이렇게 올려드립니다. 귀신도 놀라운 능력이 있지만, 하나님은 상상을 초월하는 능력의 소유자이십니다. 그러므로 우리 식구들도 암울한 환경과 상황을 바라보지 마시고, 눈을 돌려 못할 것이 없으신 하나님을 신뢰하고 의지하시기 바랍니다. 늘 그렇듯이 하나님은 소설보다 더 소설 같은 이야기를 체험하게 해 주시는 분이기 때문입니다.

11

중증 조현병이 덮친 소녀 이야기

그러니까 이 이야기는 몇 년 전으로 거슬러 올라갑니다. 아마 그때가 지독한 폭염으로 찜통더위에 헉헉거리던 때였을 겁니다. 영성학교 마당에 도착한 1톤 봉고차에서 중년부부와 어린 소녀가 내렸습니다.

그런데 그 소녀는 첫눈에 보기에도 기이했습니다. 눈이 풀려 있었으며 어머니의 손에 이끌려 통나무처럼 질질 끌려왔습니다. 마치 나무늘보가 느릿느릿 움직이는 것처럼 말입니다. 이윽고 벤치에 걸터앉은 그의 아버지는 무거운 입을 천천히 떼기 시작했습니다.

중학교에 다닐 때 불행한 사건을 겪은 이후에 딸의 행동에서 무엇인가 잘못되었다는 것을 느꼈다고 합니다. 학교에서 돌아오면 어머니의 한복을 찾아 입고 입술에 새빨간 립스틱을 바르는 돌출행동을 일삼더니, 급기야는 학교 화장실에서 눈이 풀린 채 쉴 새 없이 중얼거리면서 무릎으로 기어다닌다는 담임 선생님의 전화를 받고 다급하게 학교로 달려가야 했다고 합니다.

결국 이 소녀는 학교수업을 중도에 포기해야 했고, 정신과에서 진단을 받아 휴학계를 내고 집안에 틀어박혀 있게 되었습니다. 이 부모는 딸

기도로 고질병과 불치병이 치유된 113人의 체험담

의 문제가 귀신이 잠복한 것이라는 결론을 내고, 귀신을 쫓아내 준다는 축사자를 찾아 전국의 기도원을 뒤지고 다니기 시작했습니다. 그러다가 인천의 어느 기도원에서 우연히 만난 집사님에게 영성학교 소식을 듣게 되었습니다. 그러고는 한걸음에 영성학교에 달려오게 되었습니다.

이 소녀의 증세는 전형적인 중증 조현병 증세입니다. 말하자면 자기 정신이 없는 상태입니다. 정신과에서 조현병이라고 불리는 이 증상은 환청과 환각이 기본입니다. 그래서 상담을 통해 약을 처방하고 있습니다. 그러나 자기 정신이 없는 경우는 상담 자체가 불가능합니다. 그래서 정신병원에서는 폐쇄병동에 격리시키는 일 이외에는 딱히 뾰족한 수가 없습니다. 필자는 모든 정신질환이 귀신의 소행이라고 주장하고 있습니다. 물론 의사들이나 목사들조차 필자가 정신 나간(?) 소리를 하고 있다고 하지만 말입니다.

그러나 아시다시피, 정신질환이라는 것은 완치가 거의 되지 않습니다. 호전과 악화를 반복합니다. 정신과에서 처방하는 항우울성 약물은 뇌의 활동성을 둔화시킵니다. 그래서 이 약물을 장기복용하면 무기력해지고 기억력이 떨어지면서 점점 바보가 되어 갑니다.

어쨌든 필자의 주장을 증명하려면 축출기도로써 정신질환을 말끔하게 치유해야 합니다. 필자는 영성학교 사역을 시작하면서 모든 정신질환과 상당수의 고질병이 귀신의 소행이라고 주장해 왔습니다. 그래서 지금까지 1,000명이 넘는 사람들이 필자를 찾아왔습니다. 필자는 그들에게 기도훈련을 받는 조건으로 문제를 해결해 주겠다고 제안하였으며, 이 제안을 받아들여 기도훈련에 성실하게 임한 사람들의 경우 대부분 문제가 해결되었음은 물론입니다. 그래서 요즘도 이런저런 정신질환과 고질병으로 문의전화가 자주 옵니다. 그러나 필자가 요구하는 기도훈련을 받아들이는 사람은 생각보다 많지 않습니다. 그냥 머리에 손을 얹고 기도만 해 주면 안 되겠냐는 제안이 대부분입니다. 그러나 필자는 일언지하에 거절하고 있습니다. 영성학교의 설립 목적은 기도의 일꾼을 세우고 귀신과 싸워 이기는 정예용사를 양육하는 것이기 때문입니다.

짐작했겠지만, 이 소녀는 필자가 지금까지 본 조현병 환자 중에서 최악이었습니다. 이 소녀는 자기 정신이 전혀 없는 것은 물론이고 운동신경까지 점령당해서 슬로우 비디오를 보는 것 같은 착각을 일으켰습니다. 밥 먹을 때도 오랜 시간이 걸렸고, 심지어는 밥을 먹다가 필름이 끊기는 일도 허다하였습니다. 말하자면 음식을 먹다가 정신이 끊겨서 얼음처럼 꼼짝하지 않고 있는 경우입니다. 이런 경우는 곁에서 흔들어 주어 정신을 돌아오게 해야 합니다.

어쨌든 대화가 전혀 통하지 않고 행동까지 통제되지 않는, 그야말로 기가 막힌 상황이었습니다. 이 소녀가 기도훈련을 받을 수 있는 상태가 되지 않았기에, 필자도 할 게 별로 없었습니다. 그래서 필자는 이 부모들이 영성학교의 기도훈련을 하겠다는 조건을 받아들인다면, 어떻게 해보겠다는 옹색한(?) 제안을 했습니다. 그렇게 매주 이 소녀의 가족들은 1톤 봉고차를 타고 영성학교에 오기 시작했습니다.

이제 뜨거운 감자는 필자에게로 되돌아왔습니다. 그동안 필자가 완전히 자기 정신이 없는 조현병 환자를 축출기도로써 회복시킨 사건은 2~3

차례 있었지만, 그때는 영성학교의 기도훈련이 아니라 대전 원룸에서 성령으로부터 훈련을 받아가며 이런저런 통로로 기도를 요청한 사람들에게 축출기도를 해 주는 것에 전념하고 있었을 때였습니다. 말하자면 그때는 매일 30분가량 안수를 해 가며 축출기도를 해서 회복시켰습니다. 그러나 지금은 그런 방식의 기도를 하지 않습니다. 영성학교를 시작한 지 약 1년 동안은 전체적으로 축출기도하는 것으로 진행했고, 1년 반 전부터 장수생들의 문제가 해결되지 않자, 전체 축출기도 시간에 필자가 개인적으로 4~5분 정도 손을 잡고 기도하는 방식으로 바꾸었습니다.

그러나 이제는 한 사람을 집중적으로 축출기도를 해 줄 수 없는 상황에서, 최악의 중증 정신질환 문제를 해결해 주어야 하는 곤혹스러운 상황이 되어버린 것입니다. 그래서 축출기도 시간에 앞에 앉도록 해서, 앞에 나온 다른 사람과 함께 이 소녀에게 5분가량 손을 잡고 기도해 주기 시작했습니다. 그러나 오랜 시간이 지나도 별 차도를 보이지 않았습니다.

그렇게 시간은 빠르게 흘러갔고, 필자도 이 문제에 대한 부담이 쌓이기 시작했으며 많은 사람들의 시선이 필자의 등에 꽂히는 것이 느껴졌습니다. 약 1년 동안 다른 사람들처럼 기도훈련을 시켰지만, 말이 통하지 않았기에 그저 기계적으로 기도할 뿐이었습니다. 그래서 필자가 소녀에게 축출기도를 해 주는 것을 중단하고 부모에게 기도훈련을 집중적으로 시키기 시작했습니다. 이 소녀가 귀신이 잠복하게 된 근본적인 이유는 가정이 귀신들의 인큐베이터가 되었기 때문입니다.

어머니는 어린 시절부터 부정적인 생각에 사로잡혀 살아왔으며, 시집 오고 나서도 남편과의 의견 차이나 갈등으로 부정적인 생각에 사로잡혀 살아왔습니다. 남편 역시 고집이 세고 아내의 의견을 무시하는 전형적인 가부장적 모습으로 가정을 이루어 왔던 것입니다. 이 소녀가 회복이 되어도 귀신이 다시 잠복할 수밖에 없는 상황이었습니다.

그래서 필자는 이 부모에게 집중적인 기도훈련을 시작했으며, 덧붙여 부부코칭을 제안하여 기도를 하고 죄와 싸우는 훈련을 면밀하게 체크하기 시작했습니다. 그러자 철옹성 같았던 이 소녀가 완연한 회복세를 보이기 시작했습니다. 정신이 깜빡깜빡하며 회복되었다가 다시 이전 상태로 돌아가기 시작했습니다.

그러나 아뿔싸! 정신이 돌아왔을 때의 상태는 무당처럼 사납고 불순종하는 패륜아의 모습이었습니다. 말하자면, 정신은 회복되었지만 사악한 귀신에게 점령당한 모습 그 자체였습니다. 그러나 이에 아랑곳하지 않고 부모를 상대로 기도훈련에 박차를 가했습니다. 그렇게 또 몇 개월이 지나갔습니다. 그러자 이제 비로소 예전의 온순하고 순종적인 딸의 모습으로 돌아왔습니다. 지금은 완전히 회복되어 하나님의 은혜로 열심히 공부하여서, 우수한 성적으로 대학에 합격하여 장래가 촉망되는 여대생이 되었습니다.

12

사고로 중상을 당하신 집사님에게
일어난 놀라운 사건

예전에 전주의 고집사님이 공장에서 일하시다가 기계에 몸이 끼어서 척추가 골절되고 갈비뼈가 여러 조각으로 부스러졌으며 간이 손상되는 끔찍한 사고를 당했습니다. 이 사고를 가까이서 지켜본 직원들이 다급하게 119 구급차를 불러 병원 응급실로 실려 갔습니다. 그러면서 겪었던 일입니다.

고집사님은 병원에 들어서면서 환상으로 기이한 광경을 목격하였습니다. 시체를 가득 실은 트럭이 병원에 있으며 병원 천장에는 시체들이 거꾸로 매달려 있는 끔찍하고 경악스러운 모습이었습니다. 그래서 고집사님은 병원에 있는 게 너무도 무섭고 두려워서 이곳에서 빼내 달라고 소리를 질러대기 시작했습니다. 그러나 의사들과 간호사들은 중상을 입은 패닉현상으로 섬망(정신의 혼란 상태로 헛소리를 지르며 헛것을 보는 현상) 상태에 빠진 것으로 생각하고 손과 발을 침대에 묶었습니다. 집사님이 소리를 지를수록 묶인 손발이 옥죄이니 더욱 무서워하며 공포감에 빠져들었습니다. 그래서 하나님을 목청껏 부르기 시작했습니다.

고집사님은 평소에 아내인 유권사님이 하나님을 부르는 기도를 하라고 권면하자 무시하고 하지 않다가 마지못해 나중에 시작하였는데, 하나님을 부르는 기도를 하자마자 머리가 전기에 감전된 것처럼 찌릿찌릿해서 중도에 포기하였습니다. 그러나 그 당시에는 극도의 공포에 시달리자, 앞뒤를 가리지 않고 하나님을 전심으로 불렀다고 합니다. 그러자 갑자기 어떤 사람이 자신에게 다가와서 천장에 매달린 시체들로 보이는 귀신들을 쫓아내 주었고, 그래서 너무 고마워 누구인지 물어보았더니, 그분은 '나는 원래부터 있는 사람'이라고 대답하였다고 합니다. 즉 집사님이 하나님을 부르자 예수님이 찾아오셔서 귀신을 쫓아내 주고 평안을 되찾게 해 준 것입니다.

그러나 더 놀라운 기적은 그 뒤에 계속 일어났습니다. 고집사님의 상황은 너무 심각해서 진통제를 맞아가며 병원에서 오랫동안 치료를 받아야 할 처지였습니다. 등뼈가 부러지고 갈비뼈가 산산조각이 났으니까 말입니다. 그러나 겨우 2주가 지났는데 고통이 느껴지지 않아서 의사에게 요청해서 한방병원으로 옮겼다고 합니다. 아시다시피 갈비뼈나 등뼈가 붙는 데는 오랜 시간이 걸리고 고통도 상상을 초월합니다.

하나님을 부르는 기도를 시작한 영성학교 식구들에게 놀라운 은혜를 베풀어 주신 하나님의 은혜에 무한 감사드립니다. 할렐루야!

13

제천 박집사님에게 일어난 놀라운 치유

  제천의 박집사님에게 일어난 일입니다. 작년 가을부터 한쪽 눈의 시력이 점점 떨어지면서 잘 보이지 않는다고 했습니다. 기도하면서 하나님이 치유해 주시기를 바랐으나, 의사는 실명까지 갈 수 있으므로 수술을 하자고 권유했다고 합니다. 물론 확률은 반반이라고 했습니다. 아시다시피 눈이나 코, 귀 등의 감각기관에 생기는 질병은 치유가 어렵고, 한번 발병하면 고질병이나 장애가 되기 쉽습니다. 그러나 실명의 위험을 무릅쓰고 방치할 수는 없는 노릇이라 수술할 수밖에 없었습니다. 눈에 마취를 했지만 주사기로 눈동자를 찌르는 게 보여서 무척이나 무서웠다고 합니다. 결과는 신통치 않아서 몇 개월이 지나도 희미하게 보이는 게 사라지지 않았습니다.

  그러다 그동안 비대면으로 영성학교에 오지 못하다가 오랜만에 영성학교 축출기도에 참석했습니다. 그리고 축출기도가 끝나자 저를 찾아왔습니다. 기도가 끝나자마자 희미하던 눈이 명확하게 보이기 시작한다고 좋아라 하면서 말입니다. 그뿐만이 아니라 남편도 냄새를 못 맡는 후각장애로 살아왔다고 합니다. 그런데 최근에 냄새를 맡기 시작해서 놀라고 있는 중이라고 했습니다. 그 얘기를 들으면서 30년간 장애로 살아온 캐나다 장로님의 후각능력이 기도 끝에 되살아난 기적이 생각나기도 했습니다.

14

기도로 죽을 고비를 넘어온 경이로운 사연

이제 기도를 시작한 지 2달이 조금 지난 새내기 기도훈련생입니다. 올 초부터 위와 장이 심상치 않은 신호를 보내왔지만, 일에 밀려 건강을 돌보지 못했고, 당연히 하나님과 상관없는 삶을 힘겹게 이어가고 있었습니다. 병원을 왕래하며 약을 처방받아 먹었지만, 별다른 호전이 없었습니다.

그러다 지난 7월 14일, 밤새 죽을 것 같은 복부 통증과 끊임없는 구토로 인해 거의 실신에 가까운 상태로 응급실에 가게 되었습니다. 여러 가지 검사를 했지만, 아무런 증상도 찾을 수 없었고, 진통제와 항생제 처방으로 통증이 조금 감해진 것이 전부였습니다. 그렇게 집으로 돌아왔고, 통증이 다시 심해져서 다른 병원으로 가서 진료를 받았지만, 똑같은 대답만 들었습니다. 7월 18일, 복부 통증으로 다시 처음 진료받았던 병원의 외래진료를 받았는데, 검사 결과 소장염이라고 했습니다. 병명이라도 들으니 처음에는 다행이다 싶었습니다. 치료받으면 나을 거라 생각했습니다. 계속되는 통증으로 입원을 하고 싶었지만, 담당 의사는 이 정도는 약으로 가능하다고 해서 집으로 돌아왔는데, 며칠 뒤 또다시 견딜 수 없는 복부 통증과 끊임없는 구토로 정신이 혼미한 상태로 병원을 찾았고, 그제서야 입원을 하게 되었습니다. 입원 후 진통제와 항생제를 하루 종일 맞았고, 밥은 입에도 댈 수 없었으며, 몸무게는 점점 줄어들었습니다. 이때까지도 하나님을 찾지 않았으며, 의사가 고칠 거라는 희망을 품었습니다.

열흘 정도 입원 후, 퇴원을 권하길래 다시 집으로 돌아왔고, 이틀 뒤 또다시 응급실을 찾게 되었고, 두 번째 입원을 하게 되었습니다. CT 촬영, 내시경검사, 혈액검사 등등 여러 검사에서도 아무런 증상을 찾을 수 없었습니다. 그런데 담당 의사는 여전히 소장염이라고 했습니다. 혈액검사에서 염증수치가 정상인데도 말입니다. CT 촬영 영상을 영상의학과 전문의인 조카에게 보냈습니다. 조카는 아무런 증상도 찾을 수 없으며, 담당 의사가 소장염이라고 한 것은 병명을 찾을 수 없어 그냥 에둘러 말한 것 같다고 했습니다. 이때부터 무언가 잘못되었다는 생각이 들기 시작했습니다. 통증을 참을 수가 없어서 진통제를 하루에 7~8번씩 계속 맞았고, 항생제도 계속 투여되다 보니 입이 써 밥 한 숟가락을 삼키기가 어려웠습니다. 몸무게는 36kg까지 빠졌습니다. 참을 수 없는 통증도 두려웠지만, '나을 수 있을까?'라는 생각이 저를 더 두렵게 했습니다. 올케 언니와 통화를 했는데 예수 피 기도를 하라고 해서, 그냥 기도하기 시작했습니다. 미미하지만 통증이 조금은 줄어드는 듯했고, 의사가 괜찮을 거라며 퇴원을 권유하길래 두 번째 퇴원을 했습니다. 그리고 오빠와 올케언니의 권유로 영성학교에 오게 되었고, 본격적인 기도훈련을 시작했

기도로 고질병과 불치병이 치유된 113人의 체험담

습니다.

목사님이 가르쳐 주시는 대로 기도하기 시작하면서 통증이 조금씩 줄어들었지만, 귀신들의 반격도 만만치 않았습니다. 좀 좋아졌다 싶으면 다시 심해지는 걸 반복했습니다. 월요일과 화요일에는 통증이 약해졌다가, 수요일 오후부터 목요일에는 통증이 더 심해졌습니다. 귀신들이 영성학교로 가는 것을 방해하는 것이라는 것도 언니의 설명으로 알게 되었습니다. 그래서 무조건 참석하려고 애썼습니다. 청주·세종 소모임에 가는 날도 통증이 심해져서 식은땀을 줄줄 흘리면서도 참석했습니다. 코치님이 보내 주시는 글과 피드백도 놓치지 않으려고 노력했습니다. 모르는 게 많으니 목사님의 칼럼과 유튜브 영상을 열심히 시청했습니다. 아프니까 일을 할 수도 없었고, 기도하고 말씀 보고, 가끔 아이들 픽업 정도가 저의 일상이었습니다. 축출기도와 회개기도, 감사기도를 쉬지 않고 했던 것 같습니다. 감기가 심해서 일어나 기도할 수 없을 때는 누운 채로 손가락만 움직이며 예수 피를 속으로 외쳤습니다. 처음엔 팔을 흔들고 전심으로 기도하는 것이 힘들었는데, 어느 순간 다른 사람과 대화를 나누면서도 팔을 흔들고 있는 제 모습을 보고 웃음이 났던 적도 있습니다.

그러다 지난주 월요일 밤부터 아랫배를 칼로 도려내는 듯한 통증으로 밤잠을 설치고 화요일에도 그 통증은 계속되었습니다. 더 기도하라는 뜻으로 받아들이고 열심히 기도했습니다. 쉬지 않고 기도했습니다. 화요일(10월 24일) 저녁에 난데없이 설사가 나왔습니다. 설사를 2번 하고 나서 이상하게도 통증이 사라진 듯 느껴졌고, 다음 날도 통증이 없었습니다. 너무 좋아서 남편이랑 할렐루야를 외쳤습니다. 그래도 혹시나 하는 마음이 있었기에 그다음 날까지 기다렸는데도 여전히 통증은 없었습니다. 올케언니께 소식을 전했더니 귀신들이 나가는 현상이라는 기쁜 소식을 들었습니다. 코치님께도 소식을 전하고, 다른 가족들에게도 소식을 전했습니다. 남편과 아이들과 함께 하나님을 찬양했습니다.

일주일 정도 지난 지금까지도 통증은 없고, 어제 다시 설사를 6번이나 했는데도 밥도 잘 먹고, 몸무게는 3kg이 늘어났습니다. 돌이켜 생각해 보면 하나님을 떠나 제멋대로 살아온 저를 하나님이 불러주신 것입니다. 나 혼자 악을 쓰며 팍팍하게 살아온 인생을 회개하며, 육신의 연약함을 통하여 영적 싸움의 실체를 알게 하시고, 나로 구원에 이르는 길에 서게 하신 하나님을 찬양합니다. 나아가 하나님의 정예용사로 더 잘 훈련되어지기를 소망합니다.

아! 한 가지 더!

큰딸의 발가락과 발바닥 그리고 엄지손톱과 손가락에 사마귀가 있었는데, 지난 1월부터 6개월간 병원에서 냉동치료를 받았는데도 아무런 효과가 없었고, 더 번져 나갔습니다. 냉동치료가 너무 아파서 그만 받고 싶다고 해서 6월에 치료를 포기했습니다. 그런데 기도를 시작하고 1달이 채 지나지 않았을 때, 사마귀가 떨어져 나가기 시작했고, 지금은 깨끗하게 치유되었습니다. 할렐루야!

기도로 고질병과 불치병이 치유된 113人의 체험담

15

햇빛 알레르기, 비염, 무기력증, 위장장애, 안구건조증, 술·담배의 중독증이 사라지다

인천 왕코치님의 사연을 소개합니다.

저는 햇빛 알레르기 때문에 단 1분이라도 햇빛에 노출되면 빨갛게 좁쌀 같은 게 올라와서 가렵고 쓰라리면서 며칠은 고생해야 가라앉는데, 이게 말끔히 나았습니다. 어제와 오늘 강한 햇빛에 일부러 내놓고 다녔는데 지금 아무렇지도 않고 가렵지도 않습니다. 세상에 이런 일이 일어나다니 신기할 따름입니다.

인천 김코치님의 사연입니다.

저는 수년간 환절기 때만 되면 비염으로 고생했습니다. 아침에 눈 뜨자마자 재채기에 콧물이 쉴 새 없이 나와 양한방 치료 및 민간요법을 해봐도 그때뿐이었는데 기도훈련 4개월 만에 비염이 고쳐졌습니다. 할렐루야! 또 기도훈련 전에는 무기력증이 있어서 쉬는 날이면 종일 잠을 자야 했고, 잠을 자도 회복이 안 되었습니다. 기도훈련하면서 그것 또한 귀신들이 일으키는 질병임을 알게 되었고 이 증상도 기도훈련한 지 얼마 안 되어 치유되었습니다.

또한 어릴 때부터 빈혈이 있어서 사람 많은 지하철을 타고 장시간 서 있거나 하면 잘 쓰러졌는데, 이 증상도 기도훈련 이후 없어졌으며 저질 체력에서 많이 건강해지게 되었습니다.

안산 강코치님이 보내 준 사연입니다.

저는 훈련 초기, 그러니까 7년이 넘었는데 그때 위장장애를 치료받았고 지금까지 건강합니다. 제가 중학교 때부터 40년 동안 뭘 조금만 먹어도 체해서 늘 소화제를 달고 살았는데 지금은 소화 걱정 없이 뭐든 잘 먹습니다.

그리고 인천 정코치님은 기도하고 눈이 촉촉해져 안구건조증이 치유되었다고 합니다.

인천 전코치님이 보내 준 사연입니다.

저희 오빠는 30년을 술과 담배에 찌들어 살아서 이도 많이 빠지고 건강도 아주 좋지 않았습니다. 온갖 병을 달고 살았죠. 그렇지만 영성학교에서 기도훈련을 받는 중 하나님께서 3개월 만에 술과 담배를 끊게 해 주셨습니다. 처음에는 그것을 몰랐는데 어느 날 술과 담배를 하지 않는 자신을 발견하게 되었습니다. 너무 행복해하고 감사하고 있습니다. 우리도 하나님의 성전인 몸을 거룩하게 지켜야겠습니다.

16

갑자기 찾아온 전신마비 증세로
절망에 빠진 청년 이야기

오래전 영성학교를 시작하기 전에 대전의 원룸을 찾아온 명철 형제 이야기입니다. 당시 필자는 대전의 원룸에서 두어 가정의 초미니 목회를 하고 있었습니다. 어느 날 구미에서 어머니와 아들이 찾아왔는데, 아들이 전신마비 환자였습니다. 그래서 개인택시를 불러서 왔다고 합니다. 택시 기사의 등에 업혀서 들어와 방 안에 앉혔는데 제대로 서 있지도 못하는 전신마비 환자여서 여간 놀라지 않았습니다. 대화도 할 수 없었지만, 어머니 얘기로는 말은 알아듣는다고 했습니다.

당시 명철 형제는 25살의 청년이었습니다. 명철 형제가 그렇게 된 것은, 얼마 전에 갑자기 알 수 없는 이유로 전신이 굳고 마비되어서 그렇게 되었다는 것이었습니다. 필자가 할 수 있는 게 거의 없었습니다. 그래서 예수 피로 귀신을 쫓아내는 기도를 하라고 말해 주면서 기도해 주고 돌려보냈습니다.

그렇게 이틀이 지난 후에 카톡 문자가 왔습니다. 명철 형제가 보낸 문자였습니다. 전신마비여서 손가락을 움직일 수 없는데, 어떻게 문자를 보냈는지 알 수가 없어서 어머니에게 전화로 물어보았습니다. 어머니는 미용실에서 일을 하고 있어서 그 사실을 알지 못했습니다. 그래서 퇴근 후에 알려주겠다고 하였습니다. 늦은 밤에 전화가 왔는데 명철 형제의 손가락이 풀려서 문자를 보냈다고 하였습니다. 그래서 필자는 기도를 열심히 하라고 격려하면서 문자를 보냈습니다.

그리고 몇 번 문자를 주고받았습니다. 명철 형제는 몸이 많이 회복되어 장애인 복지시설에 혼자 걸어 다닐 수 있을 만큼 좋아졌습니다. 그렇게 몇 번 소식을 보내다가 연락이 끊어졌습니다.

물론 10여 년 전의 일이라서 오래되기는 했지만, 아주 신기한 사건이라서 그때의 일이 어제처럼 또렷하게 생각납니다. 물론 영성학교에서 수많은 기적과 이적으로 정신질환과 고질병, 불치병들이 치유된 사례는 넘쳐 납니다. 그러므로 당신도 쉬지 않고 하나님의 이름을 부르며 전심으로 성령의 내주를 간구하는 기도의 습관을 들이면, 성령께서 들어오셔서 놀라운 성령의 능력으로 귀신을 쫓아내고 고질병을 고치면서 영혼 구원 사역을 하는 도구로 사용되는 경이로운 사역자의 삶을 살 수 있습니다.

별이의 지긋지긋한 아토피를 치유해 주신 하나님

별이가 6살 나던 해였습니다. 그해 가을 들어가면서 온몸이 가렵다고 긁어서 피가 나고 피부가 갈라지고 해서 병원에 갔더니 아토피가 심하다고 먹는 약, 바르는 약을 주면서, 샤워 후 물이 마르기 전에 바로 바르고 방 안에 가습기는 필수이고 내복도 면으로 좋은 것을 입히라고 했습니다. 자다가 가렵다고 울면 제가 눈감고 긁다가 자다가를 반복했습니다.

그러다 1년 전쯤(3학년 때) 영성학교에 와서 기도하고 나서 작년 말쯤 피부를 살펴봤더니 이제는 온몸이 가시가 돋은 것처럼 뾰족뾰족 돋아 있었습니다. 얼굴만 빼고…. 저는 좀 무서웠습니다. 그래서 목사님, 코치님과 상담 끝에 지금 별이가 앉아 있는 그 자리에서 축출기도를 하게 되었습니다. 지금은 놀랍게도 뾰족뾰족한 가시 같던 피부가 좋아지고 피부과도 안 가고, 안 긁으니 얼마나 좋은지 모르겠습니다. 하나님, 목사님, 코치님 정말 감사드립니다.

18

평생 고치지 못한다는 고혈압이 치유된 이야기

저희 어머니는 당뇨와 혈압으로 돌아가실 때까지 약을 복용하였고, 형님 두 분과 누이 두 분도 모두 혈압약을 복용합니다. 저도 나이가 들면서 혈압이 180까지 오르기도 해서 의사의 권유로 오랫동안 혈압약을 복용하고 살았습니다.

영성학교 와서 기도훈련을 시작하고 평안해지고 생활이 안정되면서 혈압약을 끊어야겠다는 생각이 들었습니다. 그래서 가정용 혈압기를 사서 체크해 보니 어느새 혈압수치가 안정되어 있었습니다. 가끔 오르기도 하고 해서 바로 끊기가 망설여졌지만 자연스럽게 끊어도 되겠다는 생각이 들어 자주 수치를 체크하다가 끊었습니다. 가족력이 있기 때문에 식습관과 운동도 중요하게 생각하고 있습니다. 현재로선 5년 가까이 약을 안 먹고 있고 건강하게 지내고 있습니다. 할렐루야!

19

유전자 변이로 인한 고질적인 통증이
치유된 놀라운 사건

저는 'XRCC1' 유전자가 변이되어 있어(이 유전자는 DNA를 재생하는 기능을 함), 항상 몸이 아팠지만, 아픈 것을 당연하게 여기고 살았습니다. 몸이 스스로 회복하는 기능이 떨어지기에 값비싼 영양제, 통증클리닉, 병원들을 늘 다니며 허리가 너무 아파 옆으로 돌아눕기도 힘들고, 뒷목도 고질적인 통증으로 일상생활이 어려울 정도였습니다. 몸이 낫기를 기도하지도 않았는데, 하나님만 불렀을 뿐인데, 회개만 했는데 건강을 되찾기 시작했습니다.

20

차츰차츰 기억이 사라져 가는 기억상실증이
치유된 집사님의 간증

하나님께서 영성학교를 통해 치유해 주신 것들에 대해 감사합니다. 기도하기 1년 전, 하루 종일 혼미하고 정신이 없고 늘 가던 길인데도 길을 잃는 것을 시작으로 두려움과 공포에 시달리며 살았으나, 영성학교에서 기도훈련을 하면서 점차 예전처럼 운전을 잘할 수 있게 되었습니다. 운전을 하다 보면 갑자기 혼미해지고 내비게이션이 알려 주는데도 정확히 인지를 못 하고 식은땀이 나고 헤매었지만, 지금은 운전할 때 모든 사물들을 명확하게 볼 수 있게 되었습니다.

또한 코로나 백신을 맞고 나서 후유증으로 면도칼로 사선을 그어 놓은 것 같은 상처들이 온몸 여기저기 있었는데, 1년이 지난 지금 몸에 난 상처들을 더 이상 찾아볼 수 없게 되었습니다.

21

중증 조현병 환자의 지독한 불면증이
치유된 놀라운 사건

필자가 충주에서 영성학교를 시작하기 전, 대전의 원룸에서 성령으로부터 귀신을 쫓아내는 훈련을 받고 있을 때의 일입니다. 성령께서는 다양한 경로를 통해 귀신이 잠복한 사람들을 보내 주셨는데 그들 대부분은 조현병, 우울증 등의 정신질환자들이었습니다. 그래서 축출기도를 시작하면 괴성을 지르거나 얼굴을 찌그러뜨리고, 몸을 뻗대는 등의 기이한 동작을 하면서 존재감을 드러내곤 했습니다. 그러나 사람마다 증상이 상이했으므로 당시에는 늘 새로운 증상을 경험하곤 했습니다.

어느 날 필자 지인의 동생 친구가 조현병으로 고통받고 있다면서 이 문제를 해결해 달라고 요청했습니다. 그래서 지인과 함께 이분을 찾아가 보니 정말 입이 떡 벌어지는 광경을 연출하고 있었습니다. 이분은 약 1달 동안 잠을 자지 않고 있다고 하는데, 눈이 풀리고 무언가 알 수 없는 소리를 중얼거리고 있었으며 중증 조현병 상태로 자기 정신이 전혀 없었습니다. 오랫동안 잠을 자지 못해서 눈은 시뻘겋게 충혈되어 있었고 끊임없이 중얼거린 탓에 침이 입가에 말라붙어서 흰 수염처럼 보이는 괴이한 광경이었습니다. 아니 어떻게 1달 동안 자지 않고 살 수 있는지 이해하기 어려웠습니다. 그분의 아내는 필자에게 정신병원에 가서 수면제를 처방받아서 먹였지만 효과가 없었다고 했습니다. 보통 불면증환자들은 하루에 수면제를 1~2알을 먹는데 이분은 무려 6알을 먹었는데도 잠을 자지 못하고 있다고 했습니다. 병원에서는 6알 이상 먹으면 부작용으로 사망에 이를 수 있기 때문에 그 이상을 절대로 복용하지 말라고 신신당부했다고 합니다. 수면제 6알을 먹어도 잠을 자지 못하는 것과 무려 1달 동안 잠을 자지 못하고 있는 것은 직접 눈으로 보지 않으면 도저히 믿을 수 없는 광경이었습니다.

필자는 약 3년 동안 성령으로부터 귀신의 활동성을 배우면서 귀신을 쫓아내는 훈련을 해 오고 있었으므로 정신질환자들이 귀신을 쫓아내면 어떤 과정을 거쳐서 치유가 되는지 어느 정도 알고 있었습니다. 우울증이나 강박증, 공황장애 등의 정신질환자들도 불면증에 시달리는 게 흔한 증상이었기 때문입니다. 그래서 당시에 귀신 축출을 해 주었던 오래된 우울증 환자는 밤에 거의 잠을 이루지 못하고 새벽녘이 되어서야 잠을 잘 수 있다고 했습니다. 이분이 축출기도를 통해서 우울증이 치유되었는데, 그중 제일 먼저 일어난 증상이 밤에 제대로 잠을 잘 수 있게 된 것이었습니다. 참고로 이분은 오랫동안 정신과 치료를 받고 있던 중이었는데, 갑자기 치유되는 것을 보고 의사가 캐물어서, 필자에게 축출기도를 받고 있다고 하니까 지대한 관심을 가지고 장시간 물어보았다고 합니다.

기도로 고질병과 불치병이 치유된 113人의 체험담

어쨌든 1달 동안 잠을 자지 못하고 쉴 새 없이 무언가 중얼거리는 조현병 환자를 보니까 '기도를 해서 이 문제를 해결할 수 있을까?'라는 의구심이 살짝 들기도 했습니다. 지금이야 수백 명의 사람들에게서 귀신을 쫓아내며 귀신이 일으키는 질병과 증상에 대해서 많은 지식과 경험이 쌓였지만, 당시는 모든 게 처음 경험하는 일들이었으니까요. 어쨌든 필자가 할 수 있는 것은 그냥 기도하는 것밖에 없었습니다. 아내와 함께 매일 그 가정을 방문해서 약 25분 정도 등에 손을 얹고 축출기도를 하는 것이 전부였습니다. 그동안의 경험으로 보면 기도한 지 며칠 안 되어서 불면증이 치유되었기 때문에 하루나 이틀 정도 기도하면 이 문제가 해결될 것으로 보았습니다. 그러나 이분은 2~3일을 해도 끄떡하지 않았습니다. 그래서 아침이면 전화를 걸어 이분이 잠을 잤는지 확인할 정도였습니다. 그렇게 무려 일주일이 되어서야 비로소 잠을 자기 시작했습니다. 이분의 경험을 토대로 불면증의 원인 상당수가 귀신들이라는 것을 알 수 있었습니다.

22

불면증, 무기력증, 알레르기 비염, 갑각류 알레르기, 축농증을 치유하신 하나님

저는 7개월 반 만에 조산으로 허약하게 태어났습니다. 11살 때까지 밥을 제대로 소화시킬 수가 없어서 밥 한 숟가락을 입에 넣고 하루 종일 물고 다닐 정도로 소화력이 약했습니다. 다행히 사춘기 때 정상적인 식욕과 소화력을 하나님께서 주셔서 잘 성장할 수 있었습니다.

가정의 불화로 아기 때부터 밤에 숙면을 한 적이 거의 없었습니다. 쉽게 잠들 수 없었고, 가위에 눌리는 건 다반사이고(꿈에서 늘 귀신에게 쫓겨 다님), 자다가 서너 번 깨는 일은 일상이었습니다. 이유를 알 수 없는 만성 피로감이 있어서 늘 목화솜 이불을 온몸에 뒤집어쓰고 다니는 느낌이 있었는데, 원래 타고난 체질이니 어쩔 수 없다고 생각하며 살았습니다.

중학교 때 상한 게를 쪄 먹고 나서 갑각류 알레르기도 생겼습니다. 대학 졸업 후에 진학을 위해 공부에 전념하다가 위경련, 알레르기 비염, 축농증이 생겨서 침 치료와 비싼 면역 주사를 정기적으로 맞아 봤는데 늘

기도로 고질병과 불치병이 치유된 113人의 체험담

그때뿐이었습니다.

가족 문제로 신목사님 내외분을 찾아뵙고 기도훈련을 시작했습니다. 일주일이 지나고 나서, 내가 주인이 되어 살아왔던 근본적인 죄를 깨닫고 통곡하며 회개한 후 하나님께서는 여러 번의 깊은 회개를 할 수 있도록 인도해 주셨습니다. 예수 피로 죄와 싸우고 생각을 쳐내고 자아가 죽기까지 하나님을 부르는 훈련을 했습니다.

죽을병이 아니라 그런지 저의 육체적인 연약함에 대해서 꼭 나아야겠다, 없어졌으면 좋겠다, 이런 생각을 해본 적이 없었습니다. 믿음이 좋아서가 아니라, 이런 문제가 해결되는 것을 본 적이 없어서 체념했기 때문입니다.

기도훈련을 한 지 몇 개월 지나서 제가 눕자마자 10분 이내에 잠이 들고, 깨지 않고 푹 자게 되었다는 것을 알게 되었습니다. 또 고질적이던 알레르기 비염과 갑각류 알레르기가 어느 날 사라져서 게를 맛있게 먹게 되었습니다. 감기가 오면 늘 축농증으로 넘어가 약을 오래 먹어야 했었는데 이제는 감기도 잘 안 걸리고, 감기가 걸렸어도 축농증으로 넘어가지 않고 금방 나아 버리는 체질로 바뀌게 되었습니다. 만성 피로감은 기도훈련한 지 1년이 넘어가는 시점에서 언제 없어졌는지도 모르게 깨끗이 사라져 버렸습니다. 가끔 너무 바빠서 다음 날 피로감이 몰려와도 기도를 빡세게 하고 나면 어느새 활력이 회복됩니다.

이 모든 것이 타고난 체질이라 평생 친구로 손잡고 가야 할 줄 알았는데, 해결되지 않은 죄의 문제 때문에 귀신이 내 몸 안에 집을 지은 결과였음을 알게 되었습니다. 영접기도를 하고 구원의 확신을 갖는 것이 영혼구원이 아니라, 성경에서 말씀하시는 영혼구원은 귀신의 권세에서 해방되어 빛이신 하나님의 자녀가 되어 성령님의 통치를 받게 되었을 때 이루어지는 것임을 삶에서 체험하고 알게 되었습니다.

예수 보혈의 공로를 깨닫고 감사한다고 할지라도, 실제 자신의 삶에서 예수 보혈의 능력을 체험하지도 못하고, 죄의 포로로 살고 있는 다른 영혼을 성령의 능력으로 구원하지 못하는 현대 교회의 참담한 현실을 통탄해하시고 이 마지막 세대에 영성학교를 세워주신 성령님의 놀라운 사랑과 은혜에 감사와 찬양을 올려드립니다.

조현병으로 악화된 마음의 어두움을
몰아내 주신 하나님

저는 오랫동안 마음이 어둡고 우울한 상태로 지내왔고 병원에서는 조현병으로 진단받았습니다. 동생의 권유로 다음 카페에서 목사님 칼럼을 읽게 되었고 또한 예수 피 기도, 하나님을 부르는 기도를 해보라고 해서 한두 번 거절하고는 나중에 혼자서 이 기도를 시작하게 되었습니다.

이 기도를 하면서 이전에 사라진 줄 알았던 증상들이 더 심하게 나타나게 되었고 혼자만의 기도로는 감당할 수 없는 상황에 이르러 영성학교에 와서 목사님의 축출기도와 코치님들의 코칭을 받으면서 기도훈련에 참여하게 되었습니다. 기도를 하면서 시간이 흐르자 귀신의 존재를 알게 되었고 또한 실감하게 되었습니다. 기도훈련을 계속 받는 것이 결코 쉬운 것은 아니었고 혼자만의 힘으로는 도저히 할 수 없는 일이었지만 목사님, 사모님, 코치님들, 그리고 가족들과 더불어 영성학교 식구들의 관심과 사랑으로 계속 훈련에 동참할 수 있었습니다.

지난 수십 년간 몸이 계속 아팠고 귀신에게 짓눌려 마음이 어둡고 답답하고 가족관계도 원만치 않아 고통스러운 시간을 보내며 살아왔으며 때로는 자포자기하는 마음으로 살기도 하였습니다. 그러나 예수 피 기도, 하나님을 부르는 기도와 목사님과 코치님들의 도움으로 지금은 마음이 어두움에서 많이 벗어났고 육체적 질병의 고통에서도 많이 벗어나게 되었습니다.

지난 시간 하나님을 안다고 생각했지만, 그것은 저 혼자만의 생각에 지나지 않았다는 것을 깨닫게 되었습니다. 하나님이 어떤 분이시라는 것을 잘 알지 못했고 하나님을 품고 산다고 생각했지만, 많이 모자랐다는 것을 알게 되었습니다.

지금 하나님을 믿고 의지하며 살면서도 여전히 해결할 수 없는 고통 가운데 있는 분들, 메마른 심령과 갈급함에 굶주린 크리스천들, 그리고 믿지 않는 분들이 예수 보혈을 외치고 하나님을 찾는 기도를 함으로써 하나님을 알고 동행하는 삶으로 나아가시길 바랍니다.

24

ADHD의 끝없는 수렁에서 벗어나게 해 주신 하나님

ADHD, 왕따, 은따, 학폭 피해자, 그럼에도 불구하고 담임선생의 강제 전학 권유, 개인주의, 이기주의 등등 이 모든 것이 우리 아이들에게 있었습니다. 처음 큰아이를 데리고 병원에 가서 검사하고 진단을 받고 돌아올 때 전철에서 꺼이꺼이 울고 집에 도착하고 나서도 한참을 울다 들어간 기억이 있습니다.

아시겠지만, 주의력결핍/과잉행동장애(Attention Deficit/ Hyperactivity Disorder, ADHD)는 완치도 없고 성인 ADHD로 이어질 가능성도 있습니다. 그렇게 평생 같이 가야 하는 병입니다. 이 병은 의학적으로 전두엽의 문제라고만 알려져 있습니다.

그렇게 진단을 받은 후부터 소아정신과를 일주일에 2번 다니고 소위 서울 강남권에서 공부 잘하는 약으로 불린다는 ADHD약을 우리 아이는 매일 먹었고 심리치료, 집단치료 등등 병원에서 권하는 모든 치료를 하였지만, 눈에 띄게 좋아지지는 않았습니다. 하지만 그럼에도 그 약을 끊는다거나 병원을 가지 않는다는 것은 생각하지도 못했습니다. 그렇게 저는 힘들고 메마른 삶을 살았습니다.

 그러던 어느 날 형부가 기도훈련을 얘기하였고 저는 형부의 권유로 이 기도훈련을 하게 되었습니다. 기도훈련은 아이들도 같이 하였습니다. 기도 첫날, 기도할 때 무서운 얼굴을 하고 비웃듯이 쳐다본 그 사신(死神)과 손이 너무 간지러워서 피가 나도록 계속 긁었던 기억이 납니다.

 기도하면서 변화된 아이들의 모습은 제일 먼저 ADHD 진단을 받은 아이의 정상 판정입니다. 기도하면서도 약은 먹었는데 목사님께서는 약을 끊기를 권하셨고 그 후로 병원에서 받은 약을 먹이지 않고 변화만 되어도 감사하겠다는 마음으로 집중적으로 기도만 하였습니다. 순종적으로 잘 따라와 준 아이를 데리고 병원에 가서 재검사를 하였습니다. 그런데 놀랍게도 정상 판정이 나왔습니다. 의학적으로 일어날 수 없는 일에 의사는 약간 자존심이 상한 듯, 의아심을 품고 다른 핑계를 대면서 약을 먹기를 권하였지만 듣지 않고 나와 하나님께 감사하였습니다. 그리고 다른 아이들도 개인주의나 이기주의가 변하여 지금까지 햇살처럼 잘 지내고 있습니다.

기도로 고질병과 불치병이 치유된 113人의 체험담

25

청각장애, 후각장애가 회복되고 과민성 대장염의 고통에서 벗어나다

캐나다에 살고 있는 유장로입니다. 22년 전 사춘기로 방황하던 아들에게 환경을 바꿔 주기 위해 캐나다로 이민을 오게 되었습니다. 생각보다 이민생활은 순탄치가 않았고 언어장벽에다 먹고사는 문제도 그렇고 영적으로도 채워지지 않는 부분들이 있어 나름대로 열심히 한다고 했지만 별로 달라지는 게 없었습니다.

늘 갈급하므로 인터넷으로 이 말씀 저 말씀 들으며 만족해야 했고 영적·육적으로 많이 힘들었습니다. 그러던 중 아들이 죄의 수렁에 빠져 악한 영에 시달리며 몸이 너무 아파서 어떻게 하면 하나님의 은혜를 받을 수 있을까? 간절히 매달리던 차에 영성학교 신목사님을 알게 되었고, 온몸과 영혼이 만신창이가 된 채 한국의 영성학교를 찾아가게 되었습니다. 그게 6년 전의 일입니다. 그 후에 아들에게 연락이 오기를 참 진리를 찾았고 몸과 마음도 많이 회복되었다며, 엄마 아빠도 모든 것을 다 내려놓고 영성학교로 오라고 했습니다. 그래서 하던 비즈니스를 다 포기하고 한국으로 갔습니다. 아들 부부와 함께 주말마다 영성학교에 가서 제대로 기도훈련을 받으며 기도하기 시작했는데, 처음엔 몸이 적응이 안 되어 많이 힘들었지만, 마음은 너무 편하고 좋았습니다. '참 진리를 가르치고 훈련하는 영성학교가 진짜이구나.'라는 생각이 들어 참 감사했습니다.

목사님과 코치님들이 가르쳐 준 대로 온몸을 쥐어짜면서 간절히 하나님의 이름을 부르며 기도하던 중, 얼마 지나지 않아 통곡이 터져 나왔습니다. 그동안 40여 년 신앙생활을 해 오면서 교회 일이라면 누구보다 앞장섰고, 목사님께 순종하며, 온갖 감투는 다 쓰고, 새벽기도와 성가대 등 열심을 다한 그것이 구원의 길인 줄 착각하고, 희생적인 종교생활만 했던 교만하고 가식적인 내 모습을 깨닫게 되었습니다. 하나님의 영광이 아니고 내가 더 인정받으려 했던 모든 것들과 그동안 귀신에게 속아 가짜로 살아왔다는 것을 깨닫고 회개의 눈물을 흘렸습니다.

그 후 3주 정도 지났을 때, 귓속에서 물이 쏟아지는 꿈을 꾸었는데, 다음 날 잘 안 들렸던 한쪽 귀가 들리기 시작했습니다. 오랫동안 냄새를 맡지 못했던 코도 뚫리며 온갖 주변 냄새로 황홀했습니다. 또한 과민성 대장염과 오래된 목과 허리의 통증도 사라졌습니다. 같이 기도하던 아내 역시 육신의 질병도 많이 좋아졌고, 무엇보다 영적으로 너무 많은 부분들이 회복되어, 늘 감사와 평안함으로 지내고 있습니다. 그동안 목사님이 늘 피를 토하듯 말씀하시던 성령 임재의 기적이 우리 가정에 일어남에 너무 감사하고 행복합니다.

부족하고 보잘것없는 저희가 이 글을 쓰는 것은, 하나님이 우리를 행복하게 해 주셨기 때문이 아니라, 내 병을 고치셨기 때문이 아니라, 하나

기도로 고질병과 불치병이 치유된 113人의 체험담

님의 이름을 부를 때 만나주시는 하나님이 너무 좋고, 날 위해 그 귀한 생명 버리신 예수님과 영원히 같이 살고 싶고 순종하고 싶고 찬송하고 싶고 사랑하고 싶은 마음에서입니다.

감사합니다. 하나님! 이런 귀한 목사님을 만나게 하시고, 또 우리 가정을 구원해 주서서 정말 감사합니다. 이제 이 기도생활을 통하여 이곳 캐나다 땅을 향한 하나님의 뜻을 깨닫고 순종하기 원합니다. 보잘것없는 저희를 부르신 하나님의 선하신 뜻을 이루기를 원합니다.

허리협착증이 치유된 자매가 보내온 편지

열여덟 해 동안이나 귀신 들려 앓으며 꼬부라져 조금도 펴지
못하는 한 여자가 있더라(눅 11:18)

이 여인은 등뼈의 디스크가 닳아져 눌러서 협착된 증세의 환자입니다. 이는 불구로서 회복되지 않습니다. 그런데 예수님은 이 병이 귀신 때문에 그렇다고 하며, 귀신을 쫓아내고 회복시키셨습니다. 그런데 예전에 이 허리협착증의 환자가 영성학교에 기도훈련을 받으러 왔습니다. 많은 정신질환자나 고질병환자가 찾아왔지만, 당시에 허리협착증 환자는 처음이었습니다. 그래서 성경의 증세를 기억해 내고는 기대감을 가지고 훈련을 시작하였습니다. 여러분도 그 결과가 궁금하지 않으신가요? 그래서 그 자매가 보내온 편지를 올려드립니다.

오늘 드디어 검사하고 의사 선생님과 상담하였습니다. 선생님 왈, "3개월도 안 되는 기간에 더할 수 없이 좋아졌다. 그리고 올해가 가기 전에 사후검진을 공짜로 해 줄 테니 오라." 말 그대로 기적이었습니다. 나이

도 얼마 되지 않았는데 몸은 완전 노인 몸같이 다 망가져 있어서 담당 선생님께서 처음에 많이 걱정했다고 고백하셨습니다. "특히 목은 누가 일부러 아래, 위에서 눌러 찌부러뜨려 놓은 것 같았다. 그랬던 목이 이제 엑스레이상으로 깨끗하게 보인다. 뼈 하나하나가 다 따로따로 자리하고 있고, 사이사이에 공간도 있다. 하지만 역C자인 것도 있다. 아직 다 교정이 안 되었다. 이건 시간이 더 필요한가 보다."

이 자매님은 허리협착증이 아직 완치되지는 않았지만 엄청나게 빠른 속도로 치유되고 있습니다. 참고로 이 자매는 어릴 때부터 불안장애, 불면증, 공황장애, 거식증, 우울증을 앓아 왔으므로 허리협착증도 귀신의 소행임을 알아차릴 수 있었습니다. 물론 정신질환도 거의 회복되어 가고 있습니다. 치유해 주신 하나님께 영광 돌립니다.

아토피, 눈질환, 만성 두통으로 시달리는
훈련생의 고백

현재 저의 마음을 굳건하게 하는 원동력이 은혜가 아닌가 싶습니다. 불과 1년 전만 해도 아토피와 만성적 두통과 심한 눈질환으로 제 삶이 참 고단했습니다. 그 당시 오로지 마음수련으로 버티었던 것 같습니다. 그러나 하나님을 믿고 의지하며 오로지 하나님만을 생각하는 삶을 살고자 마음을 먹었을 때 제게 신체적 변화(심적 변화도 일어났는데 심적 변화는 생략하였습니다)가 일어났습니다. 두통과 눈질환은 한결 좋아졌고 아토피 또한 상당히 호전되었습니다. 참으로 감사한 일이며 제게 건강한 삶을 주심에 어찌할 바를 모르겠습니다. 이러한 변화의 은혜들이 저를 흔들리지 않게 붙잡아 주었습니다. 이뿐만이 아닙니다. 하나님은 저희에게 시험을 참고 시련을 견디어 낸 자에게 복과 생명의 면류관을 주신다고 약속하셨습니다. 또한 온갖 좋은 은사와 온전한 선물이 다 위로부터 빛들의 아버지께로부터 내려온다고 하셨습니다(약 1:12, 17). 이 약속된 은혜가 저의 마음을 더 굳건하게 만듭니다.

만성 비염으로 고생하는 자매님에게서 전해진 기쁜 소식

　동생이 일주일 전에 갑상선암으로 수술을 했는데 수술 당시 겨드랑이 림프절까지 전이되어서 수술 시간도 2배 이상 걸리고 많이 힘들어했습니다. 수술 이후에도 항암치료를 계속 받아야 한다고 했고, 그래서 직장까지 그만둔 상태였습니다. 그런데 오늘 조직검사 결과 최종 진단이 나왔는데, 전이된 곳이 없고 방사선요오드 치료만 1~2회 정도 하면 된다고 합니다. 하나님께서 또 한 번 저희 가족을 치료해 주셨습니다.

　갑상선 질환은 저희 집안의 가족력입니다. 엄마도 고생하셨고 언니도 평생 약을 먹어야 하는 상황입니다. 그래서 언니가 저보고 자꾸 검사를 받아 보라고 합니다. 저는 병에 걸려도 하나님께서 치료해 주실 것이니 걱정 안 한다고 얘기했더니 "하나님 믿는 건 좋은데 네가 병원에 입원해서 수술하게 되면 하나님이 화장실도 데리고 가 주냐?"며 병원에 검사 예약을 해 놓은 상태입니다.

　매년 이맘때 계절적으로 환절기가 되면 저는 비염으로 항상 고생합니다. 일단 아침에 눈 뜨자마자부터 재채기에 콧물이 쉴 새 없이 나옵니다. 재채기로 하루를 시작했다고 봐도 과언이 아닙니다. 그런데 그게 없어졌습니다. 아침에 일어나면 많이 쌀쌀한데 재채기가 안 나오니 신기합니다. 이렇게 하나님이 날마다 저에게 새로운 기적을 보여 주시고 계십니다.

29

만성 위염과 식도염이 사라진 형제의 편지

예전에 캐나다에서 젊은 부부가 짐 보따리를 싸들고 영성학교를 찾아 왔습니다. 온몸은 만신창이인데 병원에서는 아무 이상이 없다는 말만 반복해서, 도저히 해결할 수 없어 결국 비행기에 몸을 싣고 치유하지 못 하면 돌아가지 않는다는 굳은 결심을 하고 왔노라 했습니다. 그런데 이 분은 예전에 기도훈련을 시작하자마자 너무 힘들다고 증발해 버린 전력 이 있었습니다. 결국 이렇게 몸이 고통스럽지 않았다면, 이 기도를 다시 는 하지 않았을 것입니다. 일단 그분이 처음 왔을 당시 자신의 증상을 말 해 주는 내용의 편지를 올려드리겠습니다.

목사님, 현재 제 몸 상태는 이러합니다. 만성 두통과 어지러움, 귀 울 림(이명)현상, 목과 어깨의 심한 통증(목디스크, 퇴행성 협착증), 목 이 물감, 명치 통증, 명치 오른쪽 갑갑함, 오른쪽 날개 죽지의 심한 통증, 허 리 통증, 만성피로, 시력 저하, 역류성 식도염, 속쓰림, 위염, 장염, 갑상 선의 물혹. 겉만 멀쩡하지 속은 종합병원입니다. 하나님 병원에 입원한 중증환자라 생각합니다. 주님의 보혈의 약과 성령수술로 몸과 마음이 새사람이 되길 간절히 기도하겠습니다. 감사합니다.

다음은 우리나라에 들어와서 기도훈련을 받으며 귀신을 쫓아내고 나서, 최근 병원에서 검사받은 내용의 편지입니다.

목사님, 삼성서울병원에서 검사받은 결과를 듣고 왔습니다. 소화기관에 아무 이상이 없다고 합니다. 기능성 소화불량이라고 합니다. 예전에 있던 위염과 식도염도 없어진 것 같습니다. 간수치도 지극히 정상이고 약 먹을 필요도 없이 깨끗하다고 합니다. 확실히 예전보단 속쓰림도 없고 소화도 잘되는 것 같습니다. 이제 남은 문제는 두통과 목디스크, 만성 근육통인 것 같습니다.

그동안 죽을 듯이 아픈 적이 수천수백 번이었습니다. 사실 그때마다 "하나님 너무 아파요." 하며 눈물을 흘리며 호소하기도 했으며 도와달라고, 이젠 낫고 싶다고 기도하기도 했습니다. 하지만 한편으로는 나 같은 죄인이 그동안 받은 은혜만 해도 너무 감사해서 몸 둘 바를 모르겠는데, 그냥 아픈 대로 살자는 생각이 들기도 했습니다. 또는 '기도하면 정말 마법같이 뼈가 제자리로 돌아오고 망가진 장기들이 새것으로 변할 수 있을까? 예수님이 옆에 계시다면 옷깃만 만졌으면 좋겠다. 이스라엘에 가서 예수님 옷을 찾아야 하나? 정말 하나님께서 죽은 자도 살리신 걸 믿는데 나는 뭐가 부족한 걸까? 그동안 죄를 많이 지어서 지옥에서 받을 벌을 미리 받는 것일 수도 있는 건가?' 하는 생각이 들어서 아플 때마다 회개도 많이 하였습니다. 이런 생각, 저런 생각 별의별 생각을 참 많이 했습니다. 지혜를 많이 구하기도 했는데, 사람이 아프면 어떻게 되는지, 어떻게 치유해야 하는지, 몸 관리를 어떻게 해야 하는지, 평상시 자세, 운동, 지압 등등 많은 지혜를 얻게 되긴 했습니다. 너무나 감사합니다.

솔직히 병원에서 확실한 병명을 발견하여 수술이라도 받고 한 번에 짠 하고 나았으면 좋겠다는 생각도 했고, '아 정말 기도로 몸이 다 나아야 가족들과 나를 지켜보는 사람들에게 하나님 살아 계심을 나타내고 주님께 영광을 돌릴 수 있을 텐데….' 이런 기대도 많이 했습니다. 사실 몸 상태가 지금처럼 좋아진 것만 해도 기적이라고 할 수 있습니다. 요즘 축출 기도 할 때 그런 기도를 많이 합니다. 주님 저를 통하여 역사하시고 영광 받으시옵소서. 우리의 모든 더러움과 약하고 아픈 것이 회복되고 치유되길 소원합니다.

90세가 넘은 노모에게 일어난 경이로운 기적

　오래전 영성학교를 시작한 지 얼마 되지 않았던 때의 일입니다. 성령의 인도하심으로 충주의 한적한 시골에 영성학교를 시작하였지만, 소수의 사람들만 모여 기도훈련을 하면서 땀을 흘리고 있을 때의 일입니다. 당시 영성학교는 30년 된 농가 주택을 월세 20만 원에 임대하여 사용하고 있었으며, 밤이 늦도록 거실에서 10명 남짓의 인원이 모여서 기도훈련에 매진하고 있었습니다. 그런데 현관문이 다급하게 열리면서 낯선 남자가 허겁지겁 달려 들어오자, 기도에 몰입하고 있었던 우리는 이 광경에 화들짝 놀라지 않을 수 없었습니다.

　이 중년의 남자는 집 안에 들어오자마자 들뜬 목소리로 자기소개를 하였습니다. 자신은 크리스천 영성학교 다음카페의 회원이라고 자신의 신분을 밝히면서 말입니다. 당시 필자는 포털사이트인 다음(DAUM)에 크리스천 영성학교라는 이름의 카페를 열고 칼럼을 올리면서 회원이 늘어나자 공고를 올려 성령이 내주하는 기도훈련을 해 주고 있었기에, 카페 회원이라면 누구나 이 사실을 알고 있었던 터였습니다. 그래서 그 남자는 자신이 카페의 회원이며 다급하게 중보기도를 요청할 사건이 생겨서 먼 길을 마다하지 않고 밤늦은 시간에 찾아왔노라고 하였습니다.

그 남자의 얘기는 대략 이러했습니다. 90이 넘은 노모가 뇌졸중으로 쓰러져서 119 구급차를 불러 황급하게 병원으로 갔지만, 의사들은 노모의 뇌를 열어서 뇌수술을 하는 게 사망에 이를 위험이 농후하여 수술을 하지 않겠다고 버텼다고 합니다. 그러나 그대로 두어도 생명이 위독한 상태였기 때문에, 간곡하게 사정하여 수술이 잘못되어도 책임을 묻지 않겠다는 각서를 쓰고 수술에 들어갔다고 합니다. 그런데 의사가 수술실에서 노모의 뇌를 열어 보니 뇌의 혈관이 터진 혈전(피떡)이 사방팔방으로 번져 있어 도저히 제거를 하지 못하겠다고 손을 놓아 버렸다고 합니다. 혈전을 제거하지 못하면 뇌가 괴사하여 수술하지 않은 결과만도 못한 상태이지 않습니까? 말하자면 수술하다가 사망할 수밖에 없는 상황이 되어 버린 것입니다.

그래서 그 밤에 차를 몰고 영성학교를 찾아와서 간곡하게 중보기도를 요청하고는 늦은 밤에 병원으로 돌아갔습니다. 이 소식을 들은 우리는 전심으로 기도하기 시작했습니다. 그렇게 이틀 뒤에 다시 이 남자가 기쁜 소식을 가지고 영성학교를 찾아왔습니다. 갑자기 기적처럼 혈전이 사라졌다고 의사들도 놀라워했다고 합니다. 혈전이 너무 많아 수술을 진행할 수 없는 지경이었는데, 그 많던 혈전이 사라졌으니 의사들도 놀라지 않을 수가 없었다고 합니다.

그런데 그 남자가 그 소식을 전하려고 찾아온 게 아니라, 연이은 중보기도를 요청하려고 찾아온 것이었습니다. 혈전이 사라진 것은 좋은 소식이었지만, 수술하기 위해 열었던 한쪽 뇌가 잔뜩 부풀어 올라서 도저히 닫을 수가 없다는 나쁜 소식이었습니다. 아니, 뇌를 닫지 않으면 혈전이 제거되었다고 해도 아무 소용이 없는 일이 아닙니까? 그래서 이 남자는 또다시 차를 몰고 그 밤중에 영성학교를 찾아온 것입니다. 그래서 우리는 또다시 하나님께 기적을 베풀어 달라고 열정적으로 중보기도를 했습니다.

그렇게 또 2~3일이 지났는데, 이 남자가 카톡으로 사진 여러 장과 함께 소식을 보내왔습니다. 부풀어 올라서 닫을 수가 없었던 뇌가 갑자기 부기가 빠지면서 뇌를 닫아서 수술을 성공리에 마칠 수 있었다는 기쁜 소식이었습니다. 그러면서 함께 보낸 사진들은 혈전으로 범벅이 된 뇌 사진과 기도 후에 혈전이 말끔하게 사라진 뇌 사진, 그리고 뇌의 한쪽이 부풀어 오른 사진과 부기가 빠져서 수술을 마친 사진이었습니다. 그래서 우리는 하늘이 떠나갈 듯이 펄쩍펄쩍 뛰면서 환호성을 지르며 경이로운 하나님의 능력을 찬양하였습니다.

그런데 그게 마지막이 아니었습니다. 그 후에 다시 카톡이 왔는데, 수술은 잘 끝났는데 의식이 돌아오지 않는다면서 다시 한번 중보기도를 요청하는 소식이었습니다. 그래서 우리는 또다시 열정적으로 하나님께 의식이 돌아오게 해 달라고 간절히 기도하였습니다. 며칠이 지나고 우리가 고대하던 기쁜 소식이 카톡으로 전해졌습니다. 노모의 의식이 회복되어 대화가 가능하게 되어 하나님을 부르는 기도훈련을 시키고 있는 중이라는 놀라운 소식이었습니다.

이 사건은 영성학교를 시작한 지 얼마 되지 않아 있었던 일이니, 지금

기도로 고질병과 불치병이 치유된 113人의 체험담

으로부터 약 9년 전의 일입니다. 그러나 당시 훈련생들이 집이 떠나갈 듯이 기도하면서 살아 계신 하나님을 체험하며 기뻐했던 사건이기에 당시 기억이 어제의 일처럼 선명하게 떠오릅니다.

31

목에 걸린 생선 가시도 빼내 주셨어요

저는 주말부부라서 금요일에 회사를 마치면 집으로 내려오곤 했었는데, 그럴 때면 아내가 정성껏 저녁 식사 준비를 해놓고 기다렸습니다. 그날도 여느 때와 같이 집에 내려왔더니 동태 매운탕을 끓여 놓고 기다리기에 함께 맛있게 밥을 먹던 중, 입안에 가시가 있어 뱉으려다가 귀찮고 번거로워서 그냥 삼켜 버릴 심산으로 꿀꺽 해 버렸습니다.

생선 가시를 과감하게(?) 꿀꺽 해 버렸는데, 느낌은 뒤끝이 개운치 않았지만 그래도 무시하고 식사를 계속하려는데, 목구멍 부분에서 따끔거리는 이상 신호가 느껴졌습니다.

목구멍이 따끔거리고, 이물감에 밥은 더 이상 먹질 못하겠고, 모든 신경이 목구멍으로 쏠리면서 아차 싶은 생각이 들었습니다. 그때 귀찮더라도 생선 가시를 뱉을 걸…. 결국 때늦은 후회는 몸으로 때워야 하는 상황이 되어 버렸습니다.

먼저 제가 내린 처방은 어릴 적 시골에서 부모님께 배운 민간요법이었습니다. 그것은 밥 한 숟가락을 크게 뜨고 그 위에 김치 한 가닥을 얹어서 2~3번 씹다가 그냥 꿀꺽 삼켜 버리는 것인데, 그대로 했습니다. 생선 가시도 밥과 함께 넘어가길 바라며….

결과는 실패였습니다. 또다시 목이 뜨끔뜨끔이 아닌 따끔따끔하면서 불편한 이물감이 더 크게 지속되었습니다. 검증되지 않은 민간요법은 오히려 더 큰 부작용이 생길 것 같아 재시도할 엄두가 나질 않아 그만두었고, 순간 '어라, 이거 쉽지 않겠는데?'라는 생각이 들면서 등골이 서늘해졌습니다. 이번에는 칫솔로 생선 가시가 걸렸을 법한 목구멍 위치에 대고서 사악삭, 싸악싹 빗질하듯이 한쪽으로 쓸어 주었는데 생선 가시가 제거되기는커녕 목만 더 아프고 결국 핏방울까지 보게 되었습니다.

실패로 끝난 상황에서 목구멍에서 느끼지는 그 이물감과 불편함은 배가되는 듯하면서 밥은 더 이상 먹질 못하겠고, 목에 박힌 생선 가시에 모든 신경이 쓰이면서 침을 삼킬 때마다 따끔거리는 그 불편함은 더해져 가기만 했습니다, '아 생선 가시가 목에 제대로 걸렸구나.' 하는 게 실감이 났습니다.

병원에라도 다녀올 심산으로 시간을 보니, 밤 8시가 넘어갈 즈음이라 진료는 이미 끝났고, 응급실을 가기에는 좀 그렇고, 내일 아침 일찍 병원에 가야 할 것 같은데, 밤새도록 힘들 걸 생각하니 남은 시간이 부담스럽게 여겨졌습니다.

어렵사리 잠을 청해 잠깐 눈을 붙였는데 꿈을 꿨습니다. 제 입을 크게 벌리니 큰 주먹이 입 안으로 통째로 쑥 들어오더군요. 꿈에서도 드는 생각이 '내 입이 이렇게 컸었나? 주먹이 입안으로 통째로 다 들어오다니….'였습니다. 입속에 들어온 그 주먹 쥔 손이 목 언저리에서 생선 가시를 빼내는 게 보였습니다. 꿈속에서 꼭 남의 입안을 들여다보는 것처럼 현장감 있게 제 입안을 자세히 볼 수 있었습니다.

다음 날 아침 일찍 일어나서 혹시나 하고 침을 삼켜 보니 여전히 따끔거리고 불편하게 느껴져 서둘러 부랴부랴 병원에 갔습니다. 의사 선생님께서 목구멍을 내시경으로 여기저기 자세히 살펴봐도 생선 가시가 보이질 않는다고 하면서, 지금 상태는 어떠냐고 묻길래 똑같이 불편하게 느껴진다고 대답했습니다. 그 순간 어젯밤에 꾼 꿈이 생각났습니다, 의사 선생님은 더 이상 검사는 불필요하다고 하면서 진료를 마무리했습니다. 진료를 마치고 병원을 나서면서 목구멍의 느낌도 완화되는 듯하더니, 점심때쯤에는 이물감이 거의 느껴지지 않았습니다.

아 그렇다면 하나님께서 어젯밤 내 목에 걸린 생선 가시를 직접 **빼내주셨다고?!**

영성학교 기도훈련을 하면서, 매번 소소한 부분까지도 살피시고 응답하시는 하나님의 세심하심과 긍휼하심을 체험합니다. 말로 다 할 수 없는 감사를 하나님께 올려드립니다.

기도로 고질병과 불치병이 치유된 113人의 체험담

종합병원이었던 육체를 말끔하게
완치해 주신 하나님

제 육체는 그야말로 종합병원이 따로 없었습니다. 생각나는 대로 나열해 보겠습니다.

1) 영성학교에 오기 전에 머리의 대동맥을 수술했는데 장장 8시간에 걸친 수술이었습니다. 의사는 다시 재발할 수 있다고 했습니다. 영성학교에 와서 훈련 중 다시 통증이 시작되고 너무 아팠지만, 기도하다 죽지 않는다는 생각으로 울면서 '하나님 살려 주세요. 병원엔 가기 싫어요.'라고 기도했습니다. 지금은 정상이고 병원에서 검사 안 해도 된다고 합니다.

2) 위궤양이 심각했지만, 지금은 완치되었습니다.

3) 두드러기가 머릿속에서부터 발바닥까지 창궐하여 약을 먹지 않으면 견딜 수 없었습니다. 벌에 쏘인 것 같은 통증에 옵처럼 피가 나도록 긁지 않으면 견딜 수 없었습니다. 특히 삼겹살, 라면, 생선 먹

은 날은 더 심각했습니다. 병원에서 고칠 수 없다면서 죽을 때까지 약을 복용해야 한다고 하였지만, 지금은 깨끗이 완치되었습니다.

4) 손과 발이 냉동실에 있는 느낌이었습니다. 목사님이 처음 제 손을 잡고 축출기도 해 주실 때 너무 놀라셨다고 합니다. 심지어 밤에 잘 때 양말을 신고 잘 때도 있었습니다. 그러나 지금은 발가락 사이에서 땀이 납니다.

5) 허리 디스크 4번, 5번 뼈가 까맣게 죽었었지만 지금은 완쾌되었습니다. 또한 골반, 무릎, 엉덩이 뼛속이 예리한 칼로 자르는 느낌이었습니다. 무릎이 너무 아파서 양반다리로 앉지 못했을 정도였습니다. 골반이 아파서 버스에 오르고 내리는 것이 힘들었습니다. 골반이 너무 많이 아프면 수술해야 된다고 했는데 현재는 아픈 데가 다 없어졌습니다. 하나님께서 깨끗이 치료해 주셨습니다.

6) 후각장애로 인해 냄새도 못 맡았으며, 왼쪽 귀도 약간 들리지 않았습니다. 지금은 다 고쳐 주셨습니다. 또한 혈액순환도 잘 안되었는데 지금은 아주 잘됩니다.

하나님께서 영성학교로 보내 주신 것에 감사합니다. 귀신과 싸우면서 체험한 것 중에 회개가 제일 중요하다고 생각합니다. 예수님 보혈을 의지하여 간절하게 회개하는 날은 귀신들이 엄청 도망가는 동시에 치료가 많이 됩니다.

기도로 고질병과 불치병이 치유된 113人의 체험담

올케가 쓴 시누이의 터너증후군 투병일기

제 시누이는 터너증후군이라는 희귀질환을 앓고 있습니다. 간경화, 간 문맥이 막혀 위, 식도 정맥류로 인한 출혈로 1년에 1~2번 혈변을 보면 지체 없이 응급실로 갑니다. 혈압 수치 하락 등을 체크하다 결국은 목과 쇄골 사이에 구멍을 내고 비수면 상태로 출혈 관련 시술을 받습니다. 시술 후 1주 이상 입원하여 꼼짝 않고 누워 있어야 하며, 보호자가 상주하여 배변 체크를 하며 출혈이 멈추는 것을 확인 후 퇴원하는 게 반복된 생활이었습니다.

의사는 손잡이 달린 컵으로 비유하며 손잡이가 깨지거나 망가져 못 쓰게 되면 그건 손잡이를 붙이는 게 아니고 컵을 바꿔야 한다고 하며, 간 이식밖에는 방법이 없다고 하였습니다.

이 기도를 본격적으로 한 수년간, 위 정맥류로 인한 출혈이 단 한 번도 없이 지내고 있습니다. 정맥류가 위험해서 위내시경은 해 보지도 못하다가, 제가 근무하는 병원에 얘기 드리고 작년 위내시경을 하여 처음으로 위 상태를 눈으로 확인했는데, 정맥류가 있긴 해도 당장 급하게 터질 것 같거나 위험해 보이는 것은 없다고 하셨습니다.

 현재 메이저급 대학 병원에서 6개월마다 혈액, 초음파, CT, MRI 등 정기검사를 받고 있는데 이 기도를 한 이후부터는 혈액이나 간 상태가 아주 좋은 상태로 유지되고 있습니다. 또한 제가 처음 만날 당시 불면증이 심해 처방받은 수면제를 복용해도 숙면을 취하지 못해 하루 종일 정신이 맑지 않고 눈을 수시로 깜빡이며 피곤해했습니다. 그러나 지금은 그런 사실을 잊을 정도로 상태가 호전되었고, 인지능력 역시 초등학생보다 못한 인지능력에서 지금은 너무도 많이 총명해졌습니다. 하나님도 잘 모르고 믿음도 없는 시누이지만 그저 영성학교를 다니며 기도를 따라 하기만 했을 뿐인데도 긍휼히 여기신 하나님께서 만져 주신 것에 감사와 찬송을 올려 드립니다.

34

민감성 대장증후군, 피부 알레르기 완치, 10년 이상 약을 먹어 온 엄마의 파킨슨 질환이 오진이었다고?

하나님의 사랑으로 인생이 회복된 1인, 하나님께 영광을 올리고 싶어 이 글을 씁니다. 저는 2018년 3월 기도훈련을 시작하고부터 바로, 귀신이 나가는 증상의 시작으로 모든 것이 신목사님께서 말씀하신 그대로의 증상들을 겪으며, 나는 방언도 하고, 하나님의 음성도 듣고, 희생적으로 하나님을 위해 헌신 봉사하며 살아왔는데, 당연히 구원받았는데, 왜 귀신이 나가는 증상이 있을까 의문을 가진 채, 하나님을 만나고 싶어 죽기 살기로 기도에 매진하였습니다.

시간이 흐르고 귀신의 활동성을 제대로 알고 싸우지 않으면 분별이 안 되어, 귀신에게 당하고 살 수밖에 없고, 기도훈련이 없이는 이 길을 끝까지 갈 수 없겠다는 사실을 깨달았습니다. 기도훈련을 시작하고, 2개월여가 지난 뒤, 서울대학병원에서 10여 년 전에 파킨슨 판정을 받고 약을 드셔 왔던 엄마가 치매 증상이 시작되었었는데, 핸드폰 좌판도 못 치고, 말을 제대로 못 하고, 걸으면 앞으로 꽈당 넘어지는 등 갈수록 증세가 심해지던 엄마가 정상인처럼 다시 돌아온 기적이 시작되었습니다.

하나님께서 역사하시고, 모든 것이 말씀대로 이루어지는 영성학교의 기도훈련을 하며, 죽는 날까지 이 기도에 목숨을 걸겠다고 다짐하고, 떠나면 어떻게 되는 줄 알았던 서울에서 충주로의 이주를 감행하였습니다. 모든 것을 버리고 충주에서 다시 시작된 제 인생에 저를 괴롭히던 모든 부채와 병마가 떠나갔습니다. 귀신과 싸우며, 성령님의 도우심으로 귀신이 떠나가면서, 늘 감기와 몸살을 달고 살며 뼛속까지 추워 여름에도 두꺼운 옷을 입고 살았던 제가 언제 그랬냐는 듯이 얼음을 와작와작 씹어 먹고 있네요. 또 평생 저를 괴롭히던 변비와 민감성 대장 증상의 완치로 '아 원래 정상적으로 화장실을 다니면 이렇게 좋은 것이구나.' 느끼며 살고 있으며, 환절기에는 꼭 피부과를 들락거리고 평소에도 스테로이드 계통의 약과 주사를 습관처럼 먹고 맞아 왔던 제가 충주에 와서는, 관련된 질환으로 피부과를 찾은 적이 단 한 번도 없습니다. 지금 생각해도 신기합니다.

그리고 1년 전부터 기도를 시작했던 엄마가 10여 년을 파킨슨 약을 먹어 왔는데 올 3월 약을 타러 갔더니 파킨슨이 아닌 것 같다고, 만약 파킨슨이었으면 10여 년을 이렇게 경미한 약을 계속 먹고 있을 수 없다며, 손 떨림 같은 신경계통의 질환도 약한 파킨슨 약을 먹으면 효과가 있다고 하셨습니다. 미세하게 손 떨림은 있으니 처방은 해 주셨으나 본인의 경험으로는 "파킨슨은 아니다."라고 하셨습니다. 파킨슨 판정을 받고 10여 년 만에, 기도한 지 얼마 되지도 않은 엄마가 파킨슨이 아닌 것으로 된 것입니다. 할렐루야! 그러나 이러한 기적 같은 치유의 사건들도 사실 하나님을 만나고 기쁨과 자유를 누리는 내면의 행복과는 비교할 수 없습니다. 지금은 달디단 말씀을 깨닫고 먹으며, 기도하며 평안하고, 사역도 하며 행복한 시간들을 보내고 있습니다.

'이기는 그에게는 내가 하나님의 낙원에 있는 생명나무의 열매를 먹게 하리라'는 요한계시록 2장 7절의 말씀처럼 끝까지 이기는 자가 되어 하나님의 얼굴을 뵈옵기를 소망하며, 생을 마치는 날까지 이 길을 달려가겠습니다.

35

17년간을 괴롭힌 악몽과 심한 불면증을 치유해 주신 놀라우신 하나님

17년 전 임신이 되지 않아 시누이와 함께 서울 산속에 있는 무당집을 찾았습니다. 삼신할매가 뒤돌아 앉아 있다, 다시 돌아 앉혀야 한다는 무당의 말을 듣고 굿을 받고 내려온 날 밤부터 꿈속에 귀신이 나오기 시작했습니다. 악! 소리를 내며 새벽잠에서 깨어나길 몇 번째인지, 밤에 잠을 자는 게 두려워 수면제 여러 가지를 처방받아 복용하기 시작했습니다. 수면제를 복용하지 않으면 아예 잘 수가 없어 3일 동안 수면을 이루지 못한 날도 있었습니다.

오랫동안 수면제를 복용하면서 부작용이 나타나기 시작했습니다. 단기 기억상실, 물건을 부수거나 던지는 난폭함, 언어폭력, 예민함, 짜증, 분노, 얼굴 트러블 등이 갈수록 심해졌고, 잠자기 전 원망, 두려움 등으로 울다가 잠을 드는 일이 계속 반복되었습니다. 자녀까지도 악몽을 꾸는 일이 계속되었지만 도와줄 수 없어 막막했고 해결 방법을 몰라 고민은 깊어만 갔습니다.

어느 날 친정 오빠에게 꿈에 귀신이 나온다고 이야기를 하니 예수 피를 한번 해 보라는 이야기에 잠자기 전 예수 피를 몇 번 외치고선 잠을 잤는데 그날은 별다른 악몽 없이 편안하게 잠을 잘 수 있었습니다. 어느 날은 예수 피를 외치지 않고 잠이 들었는데 바로 귀신이 또다시 나타났습니다. 전에 나타났던 귀신들과 왠지 달랐고 검고 커다란 형체를 가졌으며 자신이 귀신이라고 말까지 하며 저를 들어서 던져 버렸습니다. 악 소리를 내며 새벽에 일어나 떨리는 손으로 그동안 오빠가 보내 준 신목 사님 칼럼을 읽어 나가기 시작했고 그렇게 영성학교 기도훈련을 시작하게 되었습니다.

기도훈련과 동시에 악몽은 사라지고 오랫동안 복용했던 수면제도 바로 끊게 되었으며, 지금은 바닥에 머리만 닿으면 코를 골고 잠을 자는 수준이 되었습니다. 성령내주 기도훈련을 하면 할수록 제 마음이 잔잔한 호수같이 촉촉하며 지금도 하나님이 주시는 평안함을 맛보며 살아가고 있습니다. 자녀도 기도훈련에 동참하면서 악몽을 꾸지 않게 되었으며 남편도 기도훈련을 같이하게 되면서 삭막했던 가정이 출퇴근 때마다 서로를 안아주며 토닥여 주는 따뜻하고 행복한 가정이 되었습니다. 이 모든 것은 하나님의 은혜가 아니면 있을 수 없는 기적입니다. 평생토록 저희 가정이 하나님을 찬양하며 하나님께 쓰임 받는 기도의 정예용사가 되길 간절히 소망합니다.

귀신에게 시달려 정신능력이 저하된 자매의 편지

이 자매가 영성학교에 온 지 적지 않은 시간이 지났습니다. 이 자매의 증상은 전형적인 귀신이 잠복한 상태였습니다. 아직 심각한 정신질환 상태까지는 진행되지 않았지만, 정신능력이 현저하게 떨어져서 사리판단을 제대로 하지 못했습니다. 대학을 졸업하였지만 제대로 된 직장을 잡을 수도 없었습니다. 말하자면 집안의 골칫거리였습니다. 영성학교에 와서도 기도훈련을 제대로 하지 못하였음은 당연한 일이었습니다. 기도훈련을 한 지 오랜 시간이 지났지만, 아직도 약한 귀신이 드러나는 증상이 여전하니 말입니다. 그러나 포기하지 않고 영성학교에 오고 있으니 불쌍해서 지켜보고 있는 입장입니다.

바쁜 일과가 끝난 주일 저녁에, 누군가가 사택 현관문을 두드렸습니다. 누군가 해서 나가 보니 그 자매였습니다. 그 자매는 불쑥 무엇인가를 내밀었습니다. 그동안 자신에게 일어난 증상에 대해 적어 놓은 편지였습니다. 그래서 같은 증상을 겪는 이들이 있다면, 도움이 될까 싶어서 편지의 내용을 올려 드립니다.

목사님 안녕하세요? 진도가 느려서 죄송해요. 제가 저번 주부터 하나님께서 저를 사랑하신다는 믿음이 생겼어요. 살면서 절 사랑해 준 사람은 2명밖에 없어서 절 사랑한다는 걸 받아들이기 어려웠어요. 그래서 전에는 기도할 때, 하나님이 저를 별로 안 좋아할 것 같다는 생각을 바탕에 깔고서 기도했던 것 같아요. 심한 무기력증으로 하루에 12~15시간 잤고 작년까지 수시로 미친 듯 잠이 와서 낮잠을 하루에 몇 번씩 자곤 했는데, 지금은 그런 게 없어지고 하루 8시간만 자도 괜찮아서 좋아요. 그리고 전에는 갑자기 슬퍼져서 길을 가다가도 울곤 했는데, 이제는 일주일에 1번 정도 눈물이 나오려 하지만 울지 않아요. 버스 탈 때도 사람들의 시선이 두려워서 너무 싫곤 했는데, 이제 그런 것이 없어지고 저보다 세 보이는 사람이나 낯선 사람과 말할 때 두려운 것만 남은 것 같아요. 그리고 제가 잘 때 음란귀신이 어떠한 형체(졸라맨처럼 사람 형상)로 제 옆에 오곤 했는데, 이제는 안 와요. 그리고 제가 중학교 때부터 잘 때 얼굴 한쪽이 차가워지고 누가 만지는 것 같은 느낌이 들었거든요. 빈도수가 줄긴 했지만, 요즘도 가끔 잘 때 어떤 악령이 제 얼굴을 만지는 것 같은 느낌이 들어요. 이것도 나중에 없어지겠죠?

제가 하나님을 경험한 이후에 꾼 꿈(16년도 중순쯤)에 저는 중학교 교복을 입고 있었는데, 최근에 꾼 꿈에는 고등학교 교복을 입고 있었어요. 제 정신연령은 아마도 고등학생인 것 같아요. 목사님 말씀처럼, 제가 이해력이 많이 부족하고 자주 잊어버려요. 언어에 대한 이해력도 많이 부족해요.

그리고 전에는 죽고 싶다는 생각을 많이 했는데, 지금은 그런 생각이 많이 없어졌고, 불 끄고 자는 것도 무서웠는데 지금은 전혀 안 그래요.

이 기도가 정말 좋은 기도인 것 같아요. 이 기도를 하면서 제 우상이 무엇인지 많이 알게 되었어요.

예수 피를 하면서 계수기로 계속 누르니, 이제 귀신과 조금씩 분리가 되는 것 같아요. 아! 귀신이구나 하고 깨달아져요. 마귀에게서 조금씩 해방되어서 너무 좋아요. 목사님, 감사해요. 좀 더 애써 볼게요.

37

처제와 장모님을 영성학교에 보낸
어느 한의사의 고백

처제가 아파서 영성학교에서 기도하면 바라던 결과가 가능하겠다고 생각했습니다. 그래서 처제와 장모님이 기도훈련을 시작했습니다. 몇 달이 지나자 처제는 호전되기 시작했으며, 같이 기도하신 장모님의 변화도 감지되었습니다. 이런 말도 안 되는 변화가 장모님에게서 느껴지는 게 너무 신기했습니다. 장모님의 변화는 실제적인 건강상의 변화라기보다는, 진맥을 했을 때 기가 순환되는 것이 감지되는데, 불과 몇 달의 기간 이후 일반적으로 몇 년 동안 꽤 노력해야 보이는 변화들이 보였습니다. 기도하는 분들을 많이 보았지만, 이런 변화가 이런 짧은 기간에 일어났다는 것은 말이 안 되는 일이었습니다.

저도 기도훈련을 시작한 후에 변화가 있었습니다. 진료받는 분들 중에서 전과는 다른 반응이 조금씩 나타나기 시작했습니다. 이런 반응의 변화가 빠르게 생기니 놀라웠습니다. 한 주 한 주 지날수록 진료의 변화들이 더욱더 생기고 강해지는 것을 보고, 이 기도가 이렇게 놀라운 것이라는 것을 깨닫게 되었습니다.

어린 딸도 기도하면서 모든 부문에서 나아지는 듯했습니다. 건강해지는 것도 있었지만, 특히 딸의 맥을 봤을 때 두뇌가 활성화되고 발달하는 것이 공부에 도움이 많이 될 것으로 생각되어 놀라웠습니다.

저에게 가장 큰 변화는 진료의 변화였는데, 기도훈련 후에 환자들이 기도훈련생들이 겪는 변화와 유사한 반응으로 자주 보이게 되었습니다. 그래서 전보다 더 깊이 있는 진료와 치료를 할 수 있게 되어 놀라웠습니다. 그래서 진료적인 측면에서 편해진 측면이 있었습니다. 치료반응 중에서 전에 되지 않았던 것들이 되는 경우가 생겼고 기도를 더욱 할수록 조금씩 더 나아지는 것을 보게 되었습니다. 치료를 하면 여러 가지 증상이 나타나는데, 병이 깊을수록 좋아지는 것과 나빠지는 과정을 많이 반복하고 독소가 나가는 여러 가지 반응들이 생깁니다. 좋아지는 과정에서 여러 가지 나쁜 것이 빠져나가는 현상들이 많이 있습니다. 몸이 안 좋을수록 이런 증상이 많이 나타납니다. 치료가 잘되는 사람은 이런 증상에 연연하지 않고 묵묵히 앞으로 나아가는 분들이었습니다.

기도로 고질병과 불치병이 치유된 113人의 체험담

어느 한의사가 영성학교의 치유사역을
보고 보내온 편지

안녕하십니까? 저는 한의학적(의학적)인 방법으로 영적인 장애(빙의)를 극복하기 위한 자율훈련법과 치료법을 찾는 일을 하고 있으며 올해 여름부터 목사님의 칼럼을 매일 읽고 있는 사람입니다. 귀신들이 질병을 일으킨다는 목사님 말씀에 전적으로 동의합니다. 직접적이든 간접적이든 대부분의 질병에는 잡영(귀신)들이 개입되어 있으며 치료는, 드러나는 증상이나 질병이 아니라, 병인으로 작용하는 귀신을 목표로 해야 근본적인 치료가 된다는 것을 체험적으로 분명하게 알고 있습니다. 그래서 제가 이런 일을 하는 1차 목적은 대부분의 질병은 귀신들이 일으킨다는 것을 모든 사람들이 절실하게 깨닫게 하는 것입니다. 사람들이 자신에게 귀신이 있고 질병을 일으킨다는 것을 깨닫는 것은 매우 중요합니다. 그런 깨달음을 시작으로 귀신 즉 영적 존재와 영혼의 세계가 있다는 것을 알게 되고 더 나아가 하나님께서 계시다는 것을 알게 됩니다. 하나님을 모르는 대다수의 사람들에게는 자신의 질병을 귀신이 일으킨다는 것을 깨닫는 것이 하나님께 나아가고 기도하는 계기가 될 수 있습니다. 그동안 기독교 내에서 여러 사람들이 귀신이 질병을 일으킨다는 것을 주장하고 관련된 일을 하였지만, 과연 영적 세계의 어느 편에서 개입되어 있는가 하는 영적 분별이라는 정말 중요한 문제에 있어서, 대부분 신뢰성이 부족한 것이 사실이었습니다.

그러나 올여름부터 처음 접하게 된 크리스천 영성학교 사이트에서 목사님께서 영음으로 들으신 성령님의 많은 말씀들과 체험수기를 읽으면서 '아 이것은 진짜구나.' 하는 생각을 할 수 있었습니다. 목사님께서 올리신 '하나님께서 미혹의 영을 허락하셨다는 게 섬뜩하지 아니한가?'의 글에서 귀신과 미혹의 영들을 하나님께서 쓰신다고 하셨는데, 제 개인적인 체험으로도 귀신이나 미혹의 영들은 하나님과 절대로 동격이 아니고(하나님과 맞설 수 있는 위치가 아니고), 하나님의 허락과 지시를 받는 존재였으며 그들도 하나님께 기도를 합니다.

잡영(귀신)들에 대한 이해가 너무 부족하여, 그들을 상대하려면 항상 최악의 상황을 각오(죽기를 각오)해야 하는 상황이지만, 목사님께서 영음으로 들으신 성령님의 말씀들은, 귀신들과 한 치의 물러섬 없이 가열하게 맞서고 있는 인간들에게, 하나님께서 이 현실 세계에서 실제적인 활동을 하고 계시다는 정말 엄청나게 힘이 되는 그런 메시지가 되고 있습니다.

기도로 고질병과 불치병이 치유된 113人의 체험담

39

어느 정신과 의사가 영성학교 기도훈련에
참여한 사연

몇 년 전, 정신과 의사가 영성학교 기도훈련에 참여하였습니다. 그분은 크리스천이었고, 정신과 의사들이 인정하기 어려운 귀신에 대한 필자의 주장에 동의하고 기도훈련의 필요성을 인정하였기에 찾아왔습니다. 그러면서 영성학교에서 기도훈련을 하던 정신질환 환자들이 신속하게 치유되는 것을 보고 몹시 놀라워했습니다. 이같이 빠른 치유 속도는 정신병원에서 거의 볼 수 없는 경우라고 말했습니다. 그러나 그는 의대에서 공부한 정신질환의 원인과 치료 방법을 무시하고, 필자가 주장하는 대로 정신질환이 귀신들의 소행이라는 것을 받아들이기가 어려웠을 것입니다. 그래서 필자의 주장에 대해서는 자신의 입장을 표명하지 않았습니다. 그러나 그가 근무하는 정신병원에서 크리스천 환자들에게 필자가 훈련시키는 기도 방식을 말해 주고 있다고 하였습니다. 그러나 그 의사 훈련생이 기도훈련을 마치고 영성학교를 떠난 후에 연락이 되지 않아서, 그분에게 자세한 내용을 질문할 수가 없어 아쉽습니다.

40

불안감, 편두통, 이명, 턱관절 장애, 방광염, 아들의 자폐 스펙트럼을 완치해 주신 놀라운 하나님의 능력

저는 마음이 자주 불안했습니다. 결혼을 했지만, 안정적이지 못한 결혼생활로 불안감은 더욱 커졌고, 불안할 일이 없어도 마음이 불안했고, 한번 불안하기 시작하면 쉽게 진정되지 않았습니다. 도저히 앉아 있거나 걸어 다닐 수 없어서 마음이 진정될 때까지 1시간이고 2시간이고 온 집안을 콩콩거리며 뛰어다녔습니다.

마음뿐 아니라 몸도 아프지 않은 곳이 없었는데 편두통이 너무 심해서 관자놀이가 송곳으로 찌르듯이 아팠고 약을 먹지 않고 버티면 3일 내내 아파서 결국 약을 먹어야 했습니다. 또 이명뿐 아니라 겨울만 되면 바늘로 찌르듯이 귀가 아팠는데, 찬바람 때문에 그런가 하고 겨울만 되면 찬바람이 귀에 들어가지 못하도록 목도리로 얼굴을 칭칭 싸매고 다녔습니다. 턱관절 장애도 저를 괴롭히던 증상 중 하나인데 1년에 정기적으로 2~3번을 한번 아프기 시작하면 일주일 동안 아팠습니다. 그중에서도 저를 가장 힘들게 하던 것이 방광염이었습니다. 1년에 2~3번 정기적으로 아팠고 화장실을 가는 것이 너무 고통스러웠으며 증상이 시작되는 신호가 오면 두려움이 몰려왔고, 한번 아프기 시작하면 기어다녀야 할 정도였습니다.

엎친 데 덮친 격으로 유치원에 다니는 아들은 친구들과 어울리지 못했고 소통도 잘되지 않아 담임 선생님의 권유로 정신과에 가서 검사를 받았습니다. 검사 결과, 언어능력이 1년 정도 늦는다고 했고 자폐 스펙트럼 진단을 받았습니다. 검사 과정을 지켜보는 저로서는 충격이 컸습니다. 아들은 말을 제대로 하지 못할 뿐만 아니라 듣는 것도 되지 않았습니다. 치료센터를 다녔지만, 이 방법으로는 아들의 언어능력을 향상시킬 수 없다는 생각이 들었습니다.

그렇게 고통스러운 삶을 살던 중 영성학교를 알게 되었고 하나님의 이름을 부르는 기도훈련을 받으면서 불안감과 저를 평생 괴롭히던 질병들이 완전히 사라졌습니다. 아들의 자폐 스펙트럼 또한 사라졌습니다. 이제 초등학교 고학년이 된 아들은 수다쟁이가 되었고 공부에 흥미가 생겨 성적도 계속 오르고 있습니다. 매일 함께 기도하며 다른 친구들을 도와주고 배려하는 성품이 따뜻한 아이로 칭찬받으며 잘 자라고 있습니다. 저와 아들을 불쌍히 여겨주셔서 회복시켜 주셨을 뿐 아니라, 덤으로 가정을 회복시켜 주셔서 행복하게 살 수 있게 인도하신 하나님께 영광을 돌립니다.

41

정신 혼미, 어지러움, 극심한 두통, 흐릿한 시력 등의 고통에서 해방된 자매의 일기

저는 영성학교에서 훈련한 지 4년 차로 접어든 자매입니다. 영성학교에 왔을 때 저의 상태는 이미 만신창이가 되어서 정신이 혼미한 상태, 머리를 쥐어짜는 고통, 어지러움, 흐릿한 시력 등으로 일상생활이 힘든 고통스러운 나날을 보내고 있었습니다.

나름 귀신을 쫓는다는 목사님에게 기도를 받곤 했지만, 그때뿐 호전되지 않고 증상은 더욱 악화되어 갔습니다. 그러던 어느 날 인터넷으로 저의 증상을 알아보다가, 크리스천 영성학교를 발견하고 목사님의 칼럼을 계속 읽기 시작했습니다. 읽으면 읽을수록 이 기도를 해야 나을 것 같고 확실히 이런 증상들이 귀신이구나! 하는 생각이 들어 부모님께 영성학교에 대해 말씀드렸습니다. 그래서 부모님과 함께 영성학교를 다녀왔는데, 지금 상태로는 이게 쉬운 훈련이 아니라는 생각에 큰 결단이 필요했습니다.

여기 아니면 안 되겠다는 생각이 들어 엄마와 함께 기도훈련을 하게 되었고, 목금토일 축출기도에 참여하면서 영성학교에서 요구하는 기도를 최대한 순종하려고 했습니다. 하나님을 전심으로 부르고 예수 피를 외칠수록 귀신의 공격은 더 심해져 잠을 잘 수 없게 되고, 가위눌리고, 머리의 증상은 더 악화되었습니다. 저에게 이 시간은 저를 단련하는 인내와 고통의 시간이었습니다.

비록 마음이 무너지고 넘어짐을 반복했지만, 하나님의 선하심과 그 뜻을 믿으며 포기하지 않고 기도훈련을 이어갔습니다. 이 과정을 겪으면서 하나님만 절대적으로 의지하려고 하는 믿음이 성장할 수 있었습니다. 그렇게 힘들게 기도하는 중에 서서히 좋아지면서 2달 후에는 저녁에 잠을 잘 수가 있었고, 1년이 지난 후에는 더욱 호전되어 일상생활도 힘들었던 제가 원하던 학교에 편입하게 되었고 순적하게 졸업할 수 있었습니다.

그리고 지금은 하고 싶은 일도 하고 있고, 하나님의 이끄심에 늘 감사하며 살고 있습니다. 더 감사한 것은 기도훈련을 하면서 하나님을 사모하는 마음이 떠나지 않는 것, 내 죄를 깨달은 것, 하나님을 사랑하게 되고 영혼구원을 사모하는 마음이 생긴 것입니다. 지옥에 갈 수밖에 없는 저인데, 영성학교로 불러 주셔서 이 기도를 알게 하시고 천국 갈 수 있는 문을 열어 주신 하나님께 감사하고, 지도해 주신 목사님과 코치님께 정말 감사드립니다.

얼굴에 생긴 검버섯도 깨끗하게 해 주셨어요

언제부터인가 거울에 비추어지는 제 얼굴 우측 부분에 낯선 얼룩덜룩하고 동전 크기만 한 검은 기미 같은 게 보이기 시작하였는데, 크게 신경 쓰지 않고 그냥저냥 넘어갔습니다. 그 이후 발에 무좀이 생겨 피부과 병원에서 치료 후, 갑자기 얼굴에 생긴 얼룩덜룩한 큰 기미가 생각나 의사 선생님께 얼굴을 보여 주며 이게 무엇인지, 또 치료받을 수 있는지를 물어봤습니다. 의사 선생님이 검버섯이라며 치료해야 한다고 하기에, 반사적으로 "제 나이가 아직 50세도 안 됐는데 웬 검버섯이지요?" 했더니, 요즘은 젊은 사람들도 많이 생긴다면서 검버섯이 맞다고 재차 확인해 주었습니다. 속으로 이 나이에 무슨 검버섯인가? 하면서 동의되지도 않았기에 대수롭지 않게 여겼습니다. 그러나 시간이 지나도 정말 검버섯이라고 한 그것은 없어지지 않고 더 커져 가는 것 같아 신경이 제법 쓰여서 손으로 문질러 보기도 하고 긁어 보기도 했는데 얇은 피부라서 금세 따갑고 붉게 변해 버렸습니다.

어느 날 문득 거울을 보니, 이번에는 얼굴 좌측에도 우측과 비슷한 위치에, 크기도 비슷한 게 얼룩덜룩한 큰 기미 같은 검버섯이 또 생긴 것입니다. 졸지에 얼굴 양쪽에 거의 크기가 비슷한 검버섯이 균형감 있게 생겨 버려서 이제는 제법 많이 거슬리기는 했지만 신경 써 봐야 어쩔 수 없는 일이라 치료 없이 방치했습니다.

아내에게 보여 주니, 나중에 레이저로 제거(치료)해 준다고 해서 안심하고, 그 말이 위안이 되고, 마음에 여유가 생기면서 깨끗하게 제거된다고 믿으면서, '그것 별것 아니네. 치료하면 되지.' 하고 대수롭지 않게 여기며 크게 신경 쓰거나 스트레스를 받지 않았습니다.

어느 무더운 여름날 영성학교에서 텃밭 작업 중 얼굴에 땀이 많이 흘러내려서 장갑 낀 손으로 얼굴에 흐르는 땀을 닦던 중 마음에 드는 생각이, 얼굴에 흐르는 땀을 닦다 보면 검버섯도 함께 지워질 것 같은 생각이 살짝 들기에 장갑 낀 손이지만 일부러 그 부분을 문질러 보았습니다. 그렇게 그해 무더운 여름을 얼굴에 흐르는 땀을 닦으면서 보내던 중, 문득 거울을 보니 검버섯이 점차적으로 희미해져 가고 있는 게 보여서 놀랍고 반가운 마음에 아내를 불러서 "여보, 내 얼굴 좀 봐줘. 검버섯이 없어지는 것 같은데!" 하고 말하니, "정말 그러네!" 하면서 신기해하였습니다. 검버섯뿐만 아니라 기미처럼 생겼던 잡티도(?) 함께 점차적으로 깨끗해져 가는 게 제 눈에도 보였습니다.

얼마 후 제 얼굴 양쪽에 생겼던 검버섯 2개도 다 없어졌고, 광대뼈 주변의 기미 같은 얼룩덜룩한 잡티도 없어져서 많이 깨끗해졌습니다. 물론 제가 평소 피부 관리는커녕 선크림도 안 바르고, 모자 쓰는 것도 즐겨하지 않아 늘 햇볕에 노출되는 피부라 까무잡잡해서 남들 보기에는 검버섯이나 기미가 있었다 해도 잘 표시 나지 않아 모를 수도 있겠지만, 일련의 과정을 지켜본 아내가 변화된 제 얼굴을 보고 인정해 준 중인입니다. 하나님께서 제 일거수일투족을 불꽃 같은 눈동자로 살펴보시고, 제 피부까지도 챙겨 주실 정도로 늘 저와 동행하기 원하심을 알았습니다. 앞으로 베테랑 코치로 제대로 준비되어져서 제게 맡겨진 영혼들을 구원의 강가로 인도하는 구원사역을 충성되게 감당하겠습니다.

기도로 고질병과 불치병이 치유된 113人의 체험담

43

사망의 음침한 골짜기(공황장애)에서
건져 주신 하나님

저는 생각이 단순하고 정신적으로 스트레스나 큰 어려움 없이 무사안 일한 삶을 추구하며 살아가는 평범한 인생이었던 것 같습니다. 그러한 제게 어느 날 입에 담기조차 두렵고, 그 단어나 상황을 생각한다는 자체 가 지옥과 같이 두렵고 극한 공포감을 갖게 하는 공황장애라는 증상이 나타났습니다. 아직 그 길을 가 보진 않았지만, 사망의 음침한 골짜기가 바로 그런 곳(공황장애)으로 여겨집니다.

주말부부 생활을 하던 어느 가을 늦은 밤, 여느 때와 같이 숙소에서 혼 자 잠자리에 들었습니다. 그날은 평소와 다르게 밤늦은 시간인데도 잠 들지 못하고 계속 입 안에 침이 고여서 계속 삼키기를 반복하다 보니 이 또한 스트레스가 되었습니다. 속으로 생각하기를 '이렇게 침만 삼키면 나중에 배불러서 어떡하나?'라는 다소 황당한 생각까지 들었습니다. 그 렇게 딱히 뭐라 말할 수 없는 큰 불편함에 잠들지 못하고 뒤척이다가 머 릿속에 별의별 잡생각이 다 들더니, 갑자기 알 수 없는 두려움에 끝도 없 는 공포가 마음에 들어왔습니다. 그로 인해 가슴이 답답해지면서 눌림과 공포스러운 생각에 숨쉬기가 힘들어지고 답답해서 미칠 것 같은 마음이 들어 그 상황을 벗어나고자 잠자리를 박차고 일어났습니다.

하나님께 기도한다고 앉았지만 제대로 기도도 안 되고, 이미 잡힌 바 되어 버린 까닭인지 일방적으로 코너에 몰려 정신없이 두들겨 맞고 있는 상태였던 것 같습니다. 처음 겪는 일이고 또한 깊은 밤이라 무엇을 어떻게 해야 할지 몰라 우왕좌왕했습니다. 숨 쉬는 것은 기능적으로 이상이 없는데도, 심리적으로 눌리다 보니 정상호흡이 안 되어 너무 가슴이 답답하였습니다. 알 수 없는 두려움과 극한 공포심에 매여, 무작정 밖으로 나왔습니다. 그 눌림과 답답함을 해소하고자 주변 지리도 익숙하지 않은 숙소 주위를 무작정 걷기 시작했지만 별 도움이 되지 않았습니다. 얼마쯤 걷다 보니 눈에 띄는 편의점이 있어 들어가서 소화제를 사 먹고 어찌어찌해 다시 숙소에 돌아와 마음을 진정시키고 늦은 새벽이 되어서야 잠자리에 들었습니다.

그날 이후로부터 평생 처음 겪는 두려움과 끔찍한 극한 공포의 고통을 겪기 시작하였습니다. 굳이 그 상태를 표현한다면 이 지구라는 곳이 마치 비눗방울 안과 같이 여겨지고, 나는 그 안에 갇혀서 호흡하면 할수록 더 호흡하기가 힘들어지고, 호흡을 해도 가슴이 답답한 게 이루 말할 수 없는 더 큰 공포와 두려움으로 다가왔습니다. 잘은 모르겠지만 그 상황이 죽음보다 더한 극한 고통으로 여겨지면서 죽음으로도 이러한 상태에서 벗어날 수 없을 것 같았습니다. 모든 곳이 꽉 막혀서 꼼짝도 못할 절대적으로 폐쇄적인 공간에 갇혀 버린 상태, 그래서 호흡마저도 어려운 상황, 도저히 벗어날 길이 없을 것 같았습니다. 심지어 지하철을 타거나, 금요일에 집에 가기 위해 버스를 탈 때에도 폐쇄적인 공간에 갇힌 두려움에 호흡이 힘들어지고 답답함과 공포에 매여, 그냥 무작정 아무 데서나 내려달라고 해서 걸어가야 하나 할 정도로 정상적인 생활에도 많은 영향을 받게 되었습니다.

나중에 상태가 괜찮아졌을 때 이를 극복해 보려고 그 증상을 상기할라치면 또다시 어마어마한 눌림과 극한 공포감이 엄습하여 감히 생각조차 못 하게 할 정도로 몰고 갔습니다. '아 이래서 사람들이 이러한 극한 상태에 처하면 극단적인 결단도 하는구나.'라고 이해가(?) 되기도 했습니다. 죽음보다 더 큰 두려움과 극한 공포감은 죽음으로도 해결이 안 될 것 같았습니다. 그러면서 우리 눈에 보이지 않는 세계가 실제로 존재함을 인정하게 되었고, 그 세계는 사람들의 영혼을 사냥해서 도륙하는 귀신들이 지배하는 어둠(지옥)이라는 것을 인정하게 되었습니다. 그리고 지금 겪고 있는 이 두려움과 극한 공포감은 나의 영혼을 그 어둠으로 끌고 가고자 하는 귀신들의 공격 계략임을 인정하게 되었습니다.

크리스천 영성학교 훈련을 통해 공황장애를 일으킨 귀신들의 실체와 어떻게 싸워 이겨 내는지도 알게 되었습니다. 목사님의 코칭으로 하나님의 도우심을 구하며, 십자가에 달려 돌아가신 예수 피 공로로 의지하여 예수 피를 시도 때도 없이, 선제공격으로 대적하며 제대로 싸우기 시작하였습니다. 이놈들의 반격이 드세다고 주춤하거나 물러섬이 없이 피하지 말고 맞불을 놓는다는 각오로, 잠자기 전에 기도하고 잠자는 도중 한 밤중에 공격이 시작되면 굴하지 않고 자다가 자리에서 벌떡 일어나 예수 피의 능력을 힘입어 예수 피를 외치며 10~30분 정도 치열하게 정신없이 싸워 나갔습니다. 귀신들과 예수 피로 대적하여 싸우면 절망스럽고 두려움과 공포에 매여 어찌할 바를 몰랐던 마음이 어느 순간 하나님의 도우심으로 악한 영들이 쫓겨 나가면서 마음이 안정되고 담대해지며 평안해졌습니다. 그 이후에 저는 다음 공격에 대비해서 진지를 재구축하고 튼튼히 하고 저에게 힘주시는 하나님의 도움을 구하며 전열을 재정비했습니다.

물론 이것이 모든 싸움의 끝이 아님을 알고 있습니다. 또다시 공격이 들어올 터이고, 다른 형태로 공격하고 흔들어 대면서 어떻게 해서든지 저를 넘어뜨려 제 영혼을 지옥으로 끌고 가려고 온갖 방법을 다해 공격할 것입니다. 지금 이 순간에도 제 영혼을 놓고 하나님의 진영과 사단의 진영이 맞붙어서 싸우는 전장 한복판에 제가 서 있음을 압니다. 그렇지만 하나님께서는 저를 예수 십자가 보혈의 공로로 구속하여 주시고 날마다 죄와 싸워 이길 힘을 넉넉하게 주십니다. 저는 그 공로 의지하여 싸워 나가기만 하면 될 뿐입니다.

그동안 제 인생의 여정은 지옥에 갈 정식 코스를 밟아왔습니다. 그러한 저를 불쌍히 여기셔서 크리스천 영성학교로 보내 주시고 모세와 같은 정예용사로 훈련시켜 주셔서 하나님의 일꾼으로 사용될 기회까지도 주시니 어떻게 감사해야 할까요? 앞으로 제 인생은 날마다 회개하며 또다시 범죄하지 않도록 하나님의 절대적인 도움을 구하며 나가는 길밖에 없습니다. 오직 마음을 쏟는 전심의 쉬지 않는 기도로 잘 훈련되어, 하나님께서 제게 맡겨 주신 이웃들의 영혼구원 사역을 충성되게 감당하는 모세와 같은 정예용사의 반열에 이르도록 더욱 힘쓰겠습니다.

수족냉증, 소화불량, 허리뼈 돌출을 고쳐 주신
하나님의 은혜

기도훈련을 하면서 몸이 건강해짐을 느낍니다. 특별히 이렇다 할 정도의 질병은 아니어서 주변 사람들은 모르지만, 가족들에게는 이야기를 해서 가족들 모두 알고 있는 것들입니다.

첫 번째 변화는 혈액순환이 잘되면서 몸이 따뜻해지고 땀도 나고 수족냉증이 사라졌습니다. 저는 여름에도 손발이 차서 에어컨을 거의 켜지 않고 생활하는 편이었고, 땀이 거의 나지 않아서 일부러 땀을 내려고 운동을 하는 사람이었습니다. 그런데 성령내주 기도훈련을 하면서 점점 몸에 열이 생기더니 어느 순간 제가 땀을 흘리고 있더라고요.

두 번째 변화는 만성적으로 달고 살던 소화불량이 사라졌습니다. 저는 조금만 많이 먹어도 잘 체하고, 위에 말씀드린 것처럼 몸이 차다 보니 찬 음식을 먹으면 바로 얹혀서 소화제를 달고 살았습니다. 체질이라는 생각에 그냥 그런가 보다 하면서 조심해서 먹고살았습니다. 그런데 언제부터인가 이게 귀신의 공격이라는 생각이 들면서, 모든 육체의 하나님이신데 이것쯤은 아무것도 아니라는 생각이 들었습니다. 그러던 어느 날 속이 좀 불편해져서 예수 피로 귀신을 계속 쫓았는데 속이 편해지는 경험을 하게 되었고, 그 후로부터는 잘 체하지도 않고 전보다 너무 잘 먹어서 살이 계속 찝니다.

영적으로 떨어지면 몸부터 안 좋아지고 소화력도 떨어지는 것을 알게 되었고, 하나님과의 교제가 끈끈하면 모든 것을 다 채워 주시는 하나님이라는 것을 알게 되어 더 간절히 기도해야겠다는 생각을 하게 되었습니다.

세 번째 변화는 허리가 똑바로 펴졌습니다. 저는 어릴 때부터 허리가 약하고 자세가 안 좋아서 바닥에 앉는 것이 힘들었고, 앉았을 때는 척추를 따라 내려오면 허리 쪽에서 뼈가 툭 튀어나와 있었습니다. 그런데 기도해서 척추측만증도 나았다는 말씀을 듣고는 저도 낫고 싶다는 생각이 들어서 열심히 예수 피 기도를 했습니다. 그러나 여전히 허리뼈가 튀어나와 있었고 나아지지 않았습니다. 그래서 '낫는 것에 집중하지 말고 기도나 하자.' 하면서도 종종 허리가 아프면 예수 피로 쫓았습니다. 그런데 어느 날부턴가 허리가 시원하고, 걷고 앉는데 자세가 똑바르게 된 것처럼 느껴졌습니다. 그래서 허리를 만져 보니 뼈가 들어가 있었습니다. 제가 소원하던 것을 기도하지 않아도 알아서 고쳐 주신 하나님의 놀라운 사랑과 은혜를 찬양합니다.

45

학폭으로 시작된 ADHD를 기도로 극복한
아름다운 소녀의 편지

저의 삶은 크게 영성학교를 다니면서 기도하기 전과 후로 나눌 수 있습니다. 영성학교를 다니기 전 저는 친구들에게 왕따와 학교폭력을 당해서 힘들게 지냈습니다. 초등학교 때 엄마와 병원에 가서 검사를 받게 되었고 ADHD로 판정을 받아 그때부터 ADHD 약을 복용하였습니다. 약을 복용하면서 몸은 늘어지고 의욕이 없어 보여 그때는 왕따가 아닌 은따를 당했습니다. 그렇게 힘들게 지내는 중 엄마께서 충주 영성학교에서 기도훈련을 시작하셨고 저도 같이 기도훈련을 시작했습니다.

처음 기도할 때 영성학교에서 목사님이 하라는 대로 기도했습니다. 아침, 저녁으로 1시간씩 기도하고, 틈나는 대로 기도를 하라고 하셔서 순종하는 마음으로 기도를 하였습니다. 예수 피를 외치며 땀을 흘려가면서 혹독하게 기도하였습니다. 그렇게 기도를 하다 보니 하품, 설사, 심지어 기도하다가 토를 하기도 했습니다. 머리도 아팠고 가슴도 답답했습니다. 또 어떤 때는 배에서 꾸르륵하는 소리가 나기도 했습니다. 이런 증상들이 나올 때마다, 저는 아랫배에 힘을 주고 더욱더 빡세게 기도했습니다.

영성학교를 다니며 기도하면서 저에게 생긴 가장 큰 변화는, 더 이상 ADHD 약을 복용하지 않고 생활한다는 것이고, 병원에서도 정상이라는 판정을 받았다는 것입니다. 그리고 현재는 대학교를 다니고 있고 입학 후 매 학기 장학금을 받으면서 학교생활을 하고 있습니다. 저는 이 모든 것이 우리를 사랑하신 하나님의 은혜임을 잊지 않고, 하나님께 순종하며 예수 보혈의 공로가 크심을 언제나 깊이 기억하고 기도하면서 살아갈 것입니다.

46

공황장애로 공격하는 마귀를 물리쳐 주신
예수 피의 능력

약 10년 전 연말과 연초 이틀간 새벽 시간대에 잠이 깨었는데, 순간적으로 불안하고 두려운 마음이 엄습하면서 마치 정신 줄을 놓은 것처럼 숨쉬기 어렵고 죽을 것 같았습니다. 그때엔 예수님을 찾으며 도와주시길 기도했고 이후에 안정되었습니다.

이 사건을 겪은 후에 육체적·정신적으로 문제가 발생했는데, 혈압도 많이 오르고, 미간에 핏줄이 서고, 귀에서 이명이 들리기도 하였습니다. 복부에서는 꾸물꾸물하는 느낌이 들고, 소리도 나서 기생충이 있나 싶었습니다.

무엇보다도 심리적인 위축이 생겨 회사 일에 대해서 부담감이 생기고, 격리된 공간에 있으면 뛰쳐나가고 싶도록 답답하고, 마음이 무겁고 어둡게 느껴져 정신과에 가야 하나 하는 생각이 들 정도였습니다. 그럴 땐 마음속으로 예수님께 도와 달라고, 죽어도 하나님을 위해 죽겠다는 심정으로 겨우 버텼습니다. 그동안 즐긴 게임과 웹서핑 등을 중단하고 마음을 압박하는 생각들(예배 미참석, 죄책감, 모친의 치료, 보험 소송, 회사 일 스트레스 등 한 번에 여러 가지 일들을 미리 염려하는 것 등)을 그 때부터 안 하니 그나마 괜찮기는 했지만, 간혹 자다가 깨어나면서 식은 땀이 나며 두려움이 엄습하는 증세는 간간이 있었고, 이러다 우울증으로 가는 것이 아닐까 두렵기도 했습니다. 인터넷에 해당 증세를 검색해 보니 공황장애 증세와 유사했습니다.

이후 영성학교 기도훈련을 본격적으로 시작한 초창기에, 간혹 새벽에 잠이 깨면서 막연한 불안감이 엄습하고 오한과 식은땀이 나는 상황에서, 코칭받은 대로 그냥 앉아서 예수 피를 외치면서 머릿속을 하얗게 하는 기도를 했습니다. 이렇게 기도훈련을 하니 괜찮아졌고, 이후 최근까지도 별다른 증세가 없습니다. 예수 보혈의 은혜와 막강한 능력을 알게 하시고, 언제 어디서나 기도하도록 인도하시니 감사할 따름입니다.

47

발 시려움증, 허리염좌를 치료해 주신 나의 하나님

저는 30대 초반 둘째를 낳고 산후조리 중, 명절 때 차가운 시댁 주방에서 슬리퍼를 신고 일을 했는데 그 뒤로 난데없는 발 시려움증이 생겼습니다. 여름에도 맨발로 찬 바닥을 디디면 증세가 나타났을 정도였습니다. 그래서 어딜 가든 찬 바닥을 아주 조심했습니다. 그것이 참 별거 아닌 거 같은데 은근 불편한 게 많았습니다. 그 증세가 영성학교 딱 두 번째 간 뒤로 없어졌습니다. 저는 그 문제를 해결해 달라고 기도한 적도 없는데 말이죠. 참 신기했습니다.

또 한 가지는 제가 40대 후반에 왼쪽 발목 골절로 수술 후 오른쪽 다리만 몇 달을 무리해서 썼습니다. 목발이 귀찮아서 깨금발로 이동하곤 했습니다. 그런데 어느 겨울날 허리가 옆으로 휙 틀어져 버렸습니다. 할머니 자세가 되어 통증으로 걷기도 힘들어서 도수치료를 엄청 받고 회복되었다가, 무거운 것을 들거나 무리하면 재발하고 도수치료 받고 좋아졌다가, 또 운전을 오래 하면 또 나타나고를 반복했습니다. 그러다 또 재발된 상태로 어디로 가서 치료해야 하나 고민하던 중, 전주 고집사님을 섬기러 오신 코치님께 축출기도를 받고 다음 날 오전 기도를 하는데 기도가 다른 날과 달리 뜨겁고 힘 있게 되면서 허리 골반 부위를 뺑 둘러서 점점 뜨거워지는 것이었습니다. 속으로 '이게 뭔 일이여, 이게 뭔 일이여, 하나님이 치료해 주시려나?' 하면서 신나게 기도했습니다. 그 후로 허리 통증이 없어지고 옆으로 돌아간 허리가 제자리로 돌아왔습니다.

그 후로 수개월이 지난 후 자세를 잘못하여 또 증상이 나타났는데 이번엔 심하지는 않았지만 일상생활이 불편했습니다. '에라 모르겠다. 하나님이 또 치유해 주시겠지.' 하며 기도하고, 대전 영성학교를 다니며 축출기도도 받고 하면서, 지금은 전혀 불편함 없이 잘 지내고 있답니다.

우리의 상한 마음과 몸을 우리 자신이 낫길 원하는 것보다도 더 하나님께서 자신의 무한한 능력으로 고쳐 주시길 얼마나 원하실까요? 대부분 교인들이 속아서 고집부리며 믿지 않고 하나님 앞에 나오질 않으니, 전능하신 손을 쓰지 못하시는 하나님의 마음이 얼마나 아프실까요? 예수 십자가 보혈로 다 이루신 그분 앞에 전심으로 나아갈 길을 열어 주신 아버지 하나님 감사합니다.

48

나의 신장병을 고쳐 주신 하나님

안녕하세요. 저는 영성학교 기도훈련에 참여하고 있는 훈련생입니다. 우선 저의 치유 과정을 알려드리기 전에 영성학교 오기 전 저의 상태를 간략히 알려드리겠습니다.

영성학교 오기 전 저는 공황장애(숨 못 쉬는 증상, 두려움), 사구체신염(단백뇨 증상)이 있었습니다. 영성학교 오기 전에 기도하다가 하나님의 치유를 잠깐 경험한 적이 있었는데(공황장애, 사구체신염 모두 좋아짐) 그때 기도를 놓아 버리니까 몸 상태가 다시 악화되었습니다. 그리고 시간이 흘러 영성학교를 알게 된 후 영성학교 기도훈련에 참가하게 되었습니다.

영성학교 기도훈련에 참여하면서 1년쯤 지났나, 단백뇨 수치에 변화가 보였습니다. 아무리 저염식 식단, 운동을 해도 좋아지지 않던 수치가 좋은 방향으로 변화되기 시작한 것이었습니다. 그런 은혜가 계속 있은 후 1년이 지나서 그때 신장도 좋아지고 직업도 생기고 이러니까 하나님을 향한 간절함이 사라졌습니다. 이렇게 되니까 다시 몸이 안 좋아지더

기도로 고질병과 불치병이 치유된 113人의 체험담

군요. 몸이 다시 안 좋아지니까 또다시 간절함이 생기기 시작했습니다. 그리고 요즘 다시 몸이 좋아지고 있습니다! 공황장애는 아직 두려워하는 것들이 남아 있지만 기도하면서 싸워 나가고 있고 결국 하나님이 해결해 주실 것이라고 믿고 있습니다.

49

조현병의 수렁에 빠진 딸을 회복시킨
놀라우신 하나님

몇 년 전 두 딸과 외국 여행을 가게 되었는데 큰딸에게 갑작스럽게 환청이 들리고 중얼거림, 멍때림과 동시에 잠을 못 자는 등의 증상이 나타났습니다. 문을 잠그고 강력하게 말려도 집을 나가서 물 한 모금도 마시지 못하고 비쩍 마르고 피부가 햇볕에 그을리고, 수시로 경찰서에서 걸려오는 전화를 받고 달려가야 하는 등의 문제 행동이 계속되어 도저히 딸을 감당할 수가 없어서 우여곡절 끝에 병원에 입원시켰습니다.

그 무렵 유튜브에서 목사님 동영상을 보게 되었고 코로나로 오갈 곳 없었던 저는 무조건 영성학교로 달려가 목사님을 뵙고 성령내주 기도훈련을 시작하였습니다.

딸은 병원에서 치료를 받는 과정에서도 호전되기는커녕, 창밖에다 고래고래 소리를 지르는 등 많은 사람을 힘들게 하였습니다. 오죽하면 병원이 생긴 이후 이렇게 힘든 환자는 처음이라며 병원에서 Top 1이라고 하면서 다른 병원으로 옮기는 것도 권유받을 정도였습니다. 할 수 있는 것이 기도밖에 없었습니다. 가르쳐 주시는 대로 하나님의 이름을 부르고 예수 피를 외치며 기도했을 뿐인데, 얼음장 같고 감정도 없이 반항과 분노만 가득했던 딸은 입원한 지 10개월 만에 함께 기도해 보겠다고 하였고, 조금씩 온순해지기 시작하였습니다. 외출할 수 있는 상황이 되면 영성학교에 와서 축출기도도 받고 함께 기도하는 등 하나님께서는 상상할 수 없는 일을 하셨습니다.

3개월 전 퇴원을 하고 아직은 병원의 도움도 받고 있지만, 퇴원 후 딸은 자발적으로 본격적인 성령내주 기도훈련을 하며 전과 후가 확연히 차이가 나는 놀라운 변화를 보이고 있습니다. 대개 안정적인 상황은 퇴원 후 1년 정도를 지켜봐야 한다고 하는데, 딸은 짧은 기간 동안 잠도 잘 자고 중얼거림과 멍때림도 사라지고 감정도 살아나 전보다 가족을 배려하는 따뜻하고 감사하는 마음으로 변했습니다. 남은 삶은 딸과 함께 받은 은혜를 갚으며 많은 영혼을 하나님께 돌아오게 하는 귀한 사역에 쓰임 받기를 간절히 소망합니다.

50

만병을 무병으로 치유해 주신 하나님을 찬양합니다

저는 영성학교에서 하나님 이름을 부르는 기도훈련을 시작한 지 5년이 되었습니다. 그동안 제가 처해 있었던 육체의 고통과 불행 속에서 건져 주신 하나님의 은혜를 저처럼 병원에서 해결 받지 못하는 육체의 고통 속에서 살고 있는 모든 사람들에게 알리고 싶어서 제가 직접 체험한 사실을 씁니다.

저는 하나님을 전혀 모르는 채 북한에서 살다가 하나님의 은혜로 중국으로 넘어가서 살기 시작했는데, 40대 중반에 그곳의 교회에 나가기 시작해 1년 정도 다니다가 두려움으로 몇 년을 안 나가다가 다시 나가기 시작하였습니다. 목사님의 설교를 들으며 전지전능하신 하나님께서 제가 앓고 있는 많은 고질병을 치료해 주실 거라고 기대하면서 기뻐하며 교회에서 시키는 대로 열심히 출석하였습니다. 그때 1년 정도 교회를 다니면서 제가 앓고 있는 질병을 놓고 매주 목사님께서 안수기도를 해 주셨는데 전혀 치유되지 않았고, 목사님으로부터 믿음이 없다는 질책과 함께 이 시대에 기적을 기대하는 것은 아주 위험하다는 답변을 듣게 되었습니다. 그때 '여기는 하나님이 안 계시는구나.' 하는 생각으로, 진짜 하나님의 종을 만나게 해 주시기를 기도하고 '어떻게 하면 하나님을 만날 수 있을까?'라는 생각으로 인터넷을 검색하다가 신목사님의 칼럼을 보고 이 기도훈련을 시작하게 된 것은 전적으로 하나님의 은혜였습니다.

저는 26살에 출산하면서 큰 병을 앓게 되었습니다. 엄마가 산후에 평생 앓고 있는 가족 유전병인, 여름에도 겨울에도 열린 땀구멍이 닫히지 않아 쉴 새 없이 땀이 흐르는 다한증이라는 병이었습니다. 그때는 병명도 몰랐고 병원에서는 약도 없었습니다. 한여름에도 수건을 써야 했고 양말도 벗지를 못했고, 땀으로 젖어 1~2시간에 1벌씩 옷을 갈아입어야만 했습니다. 그리고 이 병과 함께 머리가 빠개지는 듯한 통증, 두통이 올 때마다 눈알이 빠질 듯한 통증이 찾아왔습니다. 또 아플 때마다 두통약을 먹었는데 두통약을 몇 달 먹으니 위장병이 생겼습니다. 위가 너무 아파 침과 뜸치료를 많이 받았는데 치료가 되지를 않았습니다. 또 잠자기가 무서울 정도의 심한 악몽과 가위눌림이 있어 '여기서 깨지 못하면 죽겠구나.' 하는 두려움 속에 잠들곤 했습니다.

40대에 자궁근종이 우연히 발견되었고, 갑자기 배가 죽을 것같이 아파 병원에 가니 담낭염이라고 했습니다. 담낭염은 해마다 재발되어 저는 이 병을 달고 살아야만 했습니다. 그리고 하품할 때마다 턱관절이 빠지는 괴이한 병으로 하품하기도 두려웠습니다. 그리고 늘 빈혈과 어지럼증을 달고 살았는데 왜 그런지도 몰랐습니다. 병원에서 처음 혈압을 쟀는데 그때 40/60이라고 의사가 깜짝 놀랐던 기억이 생생합니다. 뼈까지 아프고 늘 기운이 없어 후들거렸고, 정말 안 아픈 곳이 한 곳도 없이, 앞이 전혀 보이지 않는 깜깜한 상태로 절망 가운데 살아왔습니다.

하나님의 한없는 긍휼하심과 자비하심으로, 영성학교에 와서 가르쳐 준 대로 오직 하나님 이름을 부르는 기도만 했는데, 걸어 다니는 종합병원이었던 저의 거의 모든 병을 치유해 주셨고 지금 마지막 치료 과정에 있는 병도 있습니다.

제가 영성학교에 오기 전에, 목사님의 칼럼을 보고 집에서 1년 정도 하나님의 이름을 부르는 기도훈련을 했는데, 그때 몇 달이 안 되어 악몽과 가위눌림에서 완전히 해방되어서 너무 신기했고, 이 기도가 진짜임을 확신하게 되었습니다. 그리고 기도를 시작하면서부터 두통과 눈 아픈 것이 사라졌고 지금까지 한 번도 아픈 적이 없습니다. 저혈압으로 늘 머리가 무거웠는데 그 증상도 없어졌고, 빈혈과 어지럼증은 훈련하면서 몇 번 있었던 기억이 나고 지금은 깨끗하게 치유되었습니다. 그리고 담낭염 역시 말끔히 치유해 주셔서 지금까지 한 번도 재발한 적이 없고 고기를 아무리 많이 먹어도 전혀 문제가 없습니다.

또 영성학교에 와서 기도훈련을 하면서 치유해 주신 것이 있습니다. 병원에서 검진했을 때 자궁근종이 7개가 있었는데, 각 크기가 12㎝짜리가 2개, 7㎝짜리가 2개, 3㎝짜리가 2개, 1㎝짜리가 1개 있었습니다. 어제 다시 검사받았는데 총 3개가 남아서 4㎝ 1개와 2㎝ 2개 남고 다 없어졌습니다. 혈압 수치는 115/75입니다. 하품할 때마다 빠졌던 턱관절도 치과 진료를 받으면서 빠졌었는데, 그때 이후 지금까지 한 번도 빠진 적이 없고 마음 놓고 하품하고 있습니다.

　그리고 몇십 년을 앓던 위장병도 병원 치료나 약 한 번 쓰지 않고 치유해 주셨고, 예전에는 편식을 많이 했었는데 지금은 모든 음식을 골고루 먹고 있으며, 몇십 년을 마시지 못했던 찬물을 그것도 얼음냉수를 마음껏 마시고 있습니다. 한국에 와서 25년 만에 처음으로 아이스크림을 먹어 보게 되었고, 지금은 겨울에도 아이스크림을 잘 먹고 있습니다. 그리고 유전병이었던 다한증도 오랜 시간이 걸리긴 했지만, 지금은 다 치유해 주셨고, 불면증과 변비도 다 치유해 주셨습니다. 그리고 최근에는 뼈를 치료받으면서 기운이 없는 것과 아주 뿌리 깊은, 어렸을 때부터 고된 노동과 사고로 다쳤던 목부터 시작해서 어깨 통증, 허리 통증과 고관절, 꼬리뼈, 무릎, 발목, 손목 등, 뼈에 통증을 일으키며 숨어 있는 귀신들을 다 드러나게 해 주셔서, 한의원에서 올해 2월부터 지금까지 무료로 치료받게 해 주셨고 또 축출기도도 받게 해 주셨습니다.

　저의 마음도 많이 변화시켜 주셨는데, 처음 영성학교에 왔을 때 저의 마음의 상태는 동역자분들이 일하면서 웃으시는 것을 보면서, '나는 하나도 안 웃기고 웃을 일도 아닌데 뭐가 저리 기쁠까?'라고 생각하며, 기쁨이라는 것은 조금도 없는 두려움으로 닫혀 있던 마음이었습니다. 중국의 교회를 다니면서도 여전히 마음이 건조하고 냉랭하고 기쁨이 없고 부정적인 생각들로 꽉 차 있었는데, 지금은 평안하고 기쁘고 감사함으로 채워져 가고 있으니, 이 또한 하나님의 사랑과 기적이 아니고 무엇이겠습니까? 아무런 희망도 소망도 없이, 병마로 죽어가던 저의 건강과 뼈

앗겼던 모든 것을 되찾아 주시고, 세상에서 가장 복된 귀하고 귀하신 하나님의 이름을 부르게 하여 주시고, 하나님의 백성 된 삶으로 인도하여 주신 창조주 하나님께 영원토록 영광 올려드립니다.

그가 찔림은 우리의 허물 때문이요 그가 상함은 우리의 죄악 때문이라 그가 징계를 받으므로 우리는 평화를 누리고 그가 채찍에 맞으므로 우리는 나음을 받았도다(사 53:5)

폐렴과 자가면역질환에서 해방시켜 주신 하나님

영성학교에서 훈련을 시작해서 1년 남짓 지났을 때입니다. 토요일 새벽에 심한 기침과 함께 가슴이 송곳으로 찌르는 듯한 통증으로 인해 병원에 갔는데 엑스레이 촬영 후 소견서를 써 주면서 폐렴이 심하니 빨리 큰 병원에 가라는 말을 듣고 병원을 나왔습니다. 그날이 토요일이고 영성학교에 가야 하는데, 어떻게 할까 고민하다가 여동생이 간호사 출신이어서 물어보니 입원해서 휴식을 취하며 치료해야 한다는 말을 듣고 '지금 당장 큰일 나는 것은 아니니 영성학교에 가자. 쓰러지면 119 부르면 된다.'는 생각에 영성학교에 갔고, 여동생이 목사님께 상황을 말씀드려서 토요일 저녁에 축출기도를 받게 되었습니다. 목이 많이 부은 상태여서 몸은 여전히 힘들었지만, 송곳으로 찌르는 듯한 통증은 사라졌고, 다음 날도 기도를 받고 월요일에 회사 근처 병원에 가서 폐렴 진단을 받았다고 하니, 열도 나지 않는 폐렴이 어디 있냐며 현재는 폐렴 증상이 없다고 했습니다. 그때는 잘 몰랐지만, 하나님께서 불쌍히 여기사 고쳐 주신 것이 틀림없습니다.

2019년 12월 초, 아침에 일어나려 하는데 갑자기 엉치뼈 쪽에 심한 통증과 함께 누운 자리에서 일어날 수가 없었습니다. 회사에 전화하고 아내와 함께 대전의 한 대학병원에 가는데, 정말 걸을 수 없을 만큼 엉치뼈의 통증이 심해 거의 90대 노인 수준으로 꾸부정하게 걸어 병원에 갔습니다. 그런데 일반병원 소견서가 없으면 진료를 받을 수 없다고 하여 다시 일반병원에 가서 여러 가지 검사를 해도 원인이 무엇인지 몰라 감기 관련 약만 받아 왔습니다. 하루하루 지나면서 왼쪽 무릎에 물이 차기 시작했고, 이러다 말겠지 하면서 소염제를 처방받아 먹었지만 별 차도가 없었습니다. 허리 통증과 무릎 통증이 계속되었고 엉치뼈 통증은 점점 사라졌습니다. 그러던 차에 사장님께서 제 무릎을 보시더니 일반적인 병이 아닌 것 같다고 하셨습니다. 그래서 대전에 사장님이 잘 아시는 병원에서 진료를 받고 MRI 촬영도 하고 허리에 신경 주사도 맞고 약을 처방받았습니다. 그러나 호전되기보다 이번엔 왼손 중지 부분이 통증과 함께 심하게 부어오르기 시작했고, 왼쪽 팔꿈치와 왼쪽 발목과 왼쪽 엄지발가락까지 통증이 오기 시작했습니다. 그래서 저는 다른 병원을 찾아갔는데 그곳에서도 소염제 관련 약을 처방해 줄 뿐 명확한 병명이 나오지 않았습니다. 그래서 다른 병원에 또 가서 지금까지의 과정을 말하니 다시 혈액검사를 했고, 어떤 항목의 수치를 이야기하면서 자신의 소견에는 자가면역질환의 일종으로 강직성 척추염일 가능성이 매우 높은데, 이것은 불치의 병이고 평생 약을 먹으면서 다스려야 한다며 대전의 한 대학병원을 추천하면서 소견서를 써 주었습니다. 부모님과 상의 후 서울대학병원에 아는 분이 있어서 그곳에 가게 되었습니다. 검사를 하니 유전질환이며 자가면역질환이 맞고, 현재는 엉치뼈의 염증의 분포도를 보면 강직성 척추염의 진단은 할 수 없고 경미한 척추관절염으로 진단하였습니다. 그러면서 이 질환은 평생 다스려야 하므로, 병원 내 교육실에 가서 이 질환에 대하여 교육을 받아야 한다고 해서 그 교육을 받았습니다. 교육 중에 그동안 제가 살아오면서 '나는 내게 주어진 체력의 거의 90% 이상을 항상 사용하며 사는 것 같다.'는 생각을 많이 했는데 그 이유를 알게 되었습니다. 늘 몸이 피곤하고 감기몸살 증상이 항상 있어서 그러려니 하면서 살았는데, 그 이유는 이 질환이 몸에 있으면서 항상 독감에 걸린 것 같은 증상이 있다는 것입니다. 그 후로 축출기도를 받으면서 처방받은 약을 복용하며 지냈습니다. 점점 증상이 완화되었고, 그러면서 약을 줄여가기 시작했고, 급기야 약을 먹지 않아도 혈액에 염증 수치나 다른 것들이 정상으로 돌아와 약을 끊게 되었습니다. 그렇지만 증상이 나타났던 부위의 관절은 예전에 축구를 즐기던 그때와는 같지 않았는데, 시간이 지나면서 빨리 걸을 수 있게 되었고, 이제는 뛰어다녀도 문제가 없으며, 손가락이나 발가락도 거의 정상입니다. 제가 너무 감사한 것은 그동안 감기몸살 같은 통증이 여전히 있었는데, 그것이 없으니 너무 감사했습니다. 그리고 이 질환이 갈비뼈나 장기에 증상이 나타났으면 심각했지만, 몸의 중심으로부터 먼 곳에서 증상이 일어난 것은 참 감사한 일이라는 한의원 원장님의 말을 듣고 보니, 그것 또한 감사했습니다. 저는 이 질환이 말끔히 나았다고 여기지 않습니다. 다만 제 주위에 이 질환을 앓고 있는 사람이 몇 있는데, 그 사람들은 저보다 먼저 발병했고 지금도 약으로 다스리는 반면, 저는 약을 끊고도 여러 해가 지났지만, 그 부분에 대해서 문제가 없음을 보고 하나님께 진정 감사했습니다.

만성 소화불량을 깨끗하게 치유해 주신 하나님

저의 고질병은 소화가 안 되는 체기였습니다. 그래서 해마다 위내시경은 연례행사였습니다. 하지만 위에는 아무런 이상이 없었고 소화가 잘 안되는 탓에, 짜증과 속이 더부룩함과 체기는 나의 친구였습니다.

기도훈련을 시작하며 혹독한 기도를 시작하자마자 속은 더 아파왔고, 내 속의 화가 제어가 잘 안되고 솟구치는 게 느껴졌습니다. 목사님과 코치님들의 가르침대로 죄를 지으면 하나님께 회개하고 사람들한테도 해야 한다고 해서, 잘못했다는 말을 하기 싫어 죽을 거 같았지만, 용서를 구하고 회개하고 또 넘어지고 다시 일어나고를 반복했습니다. 그렇게 싸우던 중에 축출기도를 받는데, 내 안에 사나운 놈이 드러나게 되었습니다. 말로만 듣던 악한 영을 피부로 느끼며 더 혹독하게 기도하게 되었습니다.

그렇게 악한 영이 나가고 나서 물을 마시는데, 늘 가슴에 머물렀던 것들이 쑤욱 내려감을 느끼게 되었고 더부룩함과 체기가 사라지게 되었습니다. 그렇게 올라오던 화와 짜증도 혹 떨어지게 되었습니다.

오랜 세월 교회를 다녔지만, 해결되지 않았던 나의 고질병을 하나님을 부르며 예수 피를 외쳤더니 치료해 주셨습니다. 하나님을 사랑하지도 않고 하나님께 관심도 없던 저에게, 십자가 보혈 사랑을 알게 하시고 건강을 되찾게 해 주신 하나님을 찬양하고 영광 올려드립니다.

비염, 이석증, 편두통, 고지혈증, 다한증, 뇌혈관·심혈관질환, 빈혈, 방광염, 변비를 치유해 주신 하나님께 영광을 돌려드립니다

영성학교에서 기도훈련을 시작한 이후로 만성 질환에 시달리며 수많은 약을 먹던 제가 더 이상 병원 약을 먹지 않고 건강하게 되었습니다. 어려서부터 저를 많이 힘들게 했고 치료해도 낫지 않던 비염이 치유되었고, 이석증(어지럼증), 편두통, 고지혈증, 다한증이 치유되었습니다.

그리고 작년과 올해, 하나님께서 연로하신 저희 어머니의 많은 병을 고쳐 주셨습니다. 고혈압 부작용으로 생긴 뇌혈관·심혈관질환을 정상으로 회복시켜 주셨습니다. Hb 수치가 7도 안 되는 심한 빈혈로 일상생활이 힘드셨고 수혈을 몇 번씩 받으셨는데, Hb 수치가 정상적으로 회복되고 건강하게 되셨습니다. 최근에는 옆구리 통증이 너무 심해 복부 CT 촬영을 해 보니 간에 10㎝도 넘는 큰 물혹이 생겼는데 간이 있어 수술도 못 하고 별다른 방법이 없다고 했습니다. 통증이 너무 심해 잠도 못 주무셨는데, 주님께서 통증이 사라지도록 치료해 주셨습니다. 그리고 방광염과 변비를 치유해 주셨습니다.

저희 언니는 장시간 PC 사용으로 목디스크가 생겨서 통증으로 고생하던 중, 최근에는 머리가 저절로 흔들거리고 중풍 걸린 사람처럼 조절이 안 되어 치료를 받으러 다녔지만 효과가 없었고 불면증까지 생겼습니다. 여호와 라파 치료의 하나님을 의지하여 함께 중보기도한 결과 하나님께서 모든 것을 다 치유해 주셨습니다.

54

극심한 우울증과 치매 증상으로 극단적 선택을 하던 나를 살려 주신 하나님

4년 전 갑자기 밤에 가슴이 터질 것처럼 아프고 불안하여 잠도 못 자고 거실, 방, 마당을 혼자서 돌아다녔습니다. 너무나 불안해 밤을 새우고 아침에 택시를 타고 광주병원 응급실에 가서 입원하고 주사 맞고 약을 먹어도 10분도 못 자고 깼습니다. 9층 1인실에 있으면서 창밖으로 뛰어내리면 편할 것 같아 창문을 열고 뛰어내리려고 애쓰고 있다가 간호사에게 들켰습니다. 병원 측에서 7층 정신병동으로 옮기든지, 보호자 동반 입원할 것인지를 선택하라고 해서 가족들이 번갈아 가며 간병을 했습니다. 그래도 차도가 보이지 않아서 괴로워 죽고 싶은 생각뿐이었습니다.

병원 진단은 우울증, 치매였고 정신병동으로 옮길 것을 권유했는데 큰딸이 자기 집으로 나를 데려가 간병을 했습니다. 옷을 보자기에 싸서 시골 갈 거라고 하면서, 새벽 애들 잠자는 사이에 옷도 제대로 입지 않고 몰래 나가기도 하였습니다. 서대문 사거리의 차도 한가운데에서 차 오기를 기다리면, 딸이 뒤따라오면서 추우니 집에 가자고 해도 시골에 갈 거라고 고집을 부렸습니다. 머리도 감지 않고, 방구석에다 소변을 보아서 씻으라고 하면 시골에서 씻는다고 고집부리고, 먹지도 않고 잠도 안 자고, 매일 보자기에 옷을 싸서 애기들 밥을 해 줘야 한다며 나가려 하고 자식들 말을 듣지 않았습니다. 그렇게 큰딸 집 몇 개월, 둘째 딸 집 몇 개월 있다가, 큰딸이 함께 영성학교에 가자고 했습니다.

마을버스, 전철, 시외버스, 택시를 타고 영성학교에 갔습니다. 가는 길에 멀미가 심하게 나 고생을 하면서도, 딸이 가자고 하면 영성학교에 갔습니다. 예배 시간에 혼자서 돌아다니고, 내 옷이 없어졌다고 이 방 저 방 찾으러 다녀 딸이 속상해했습니다. 그래도 딸이 영성학교에 가자고 하면 따라갔습니다. 목사님께서 축출기도를 해 주셨는데, 목사님이 기도하시는 것만 멍하니 쳐다보기도 했습니다. 조금씩 예수 피를 따라 하기 시작하고 1년 정도 매주 토요일이면 딸, 손자와 같이 영성학교에 갔습니다. 나도 모르게 조금씩 기억이 나고, 밥도 먹고, 매일 딸과 함께 기도의 자리에 앉아 기도했습니다. 그래도 정신이 혼미하고 괴로울 때가 많았습니다. 주위 친척들이 병문안 와서 주기도문을 외우라고 종이에 써서 벽에 붙여 주었는데, 매일 외워도 외우지 못했습니다. 몇십 년을 했던 주기도문도 기억이 나지 않아 매일 외우고 또 외웠는데도 못 외웠습니다. 길을 잃어버리니, 밖에는 나가지 못하고 항시 옆에 보호자가 지켜보고 있어야 했습니다. 그래도 혹시 길을 잃어버릴지 모르니 큰딸이 아이들 핸드폰 번호, 이름이 쓰인 목걸이를 채워 주었습니다. 그렇게 해 준 것도 모르고, 바보가 되어 하루하루 살면서 오직 죽고픈 생각뿐이었습니다. 다시 큰딸 집으로 가서 딸이 시키는 대로 예수 피 기도만 했습니다. 아들이 매형들한테 너무 미안해서, 수원 아들 집으로 데리고 가서 치매환자 유치원에 보내려고 알아보고 있었습니다.

그러던 중 나도 모르게 기억이 조금씩 나고, 성경도 보게 되고, 예수 피도 자연스럽게 혼자 앉아서 하게 되고 마음이 편안해졌습니다. 밥도 먹고 과일도 먹고 왠지 모르게 모든 것이 자신감이 생기고 무서운 것이 없고, 나 자신이 대단하다는 생각이 들었습니다. 딸과 함께 서울 모임도 가고 목사님 세미나도 가고 싶고, 내 생각에 내가 엄청 똑똑하다고 느껴졌습니다. 그리고 화성·오산 기도처가 생겨 열심히 기도하게 되었습니다.

이제는 혼자서 지하철을 타고 어디든 다닙니다. 몇 개월 전에는 혼자서 시골집에도 다녀왔습니다. 큰딸, 작은딸, 아들 아파트 비밀번호, 기도처 비밀번호도 다 외우고 주기도문도 이제는 잘합니다. 그래도 조금은 조심스럽지만, 열심히 기도와 말씀으로 무장하여 기도의 용사가 되어, 천국 가는 날까지 전심을 다하여 마음과 뜻과 힘을 다하여 기도의 사람으로 살아가도록 노력하는 중입니다.

장애를 가지고 태어날 아이를 정상적인 아이로 태어나게 하신 하나님, 그리고 오래된 위염을 치료해 주신 하나님을 찬양합니다

아들이 결혼한 지 10년이 되었는데도 아이가 없어, 시험관으로 시도한 지 5번째에 하나님께서 아이를 주셨습니다. 딸이라고 했습니다. 아들 부부는 많이 기뻐했습니다. 6개월쯤 되었을 때 병원에서 검사를 했는데 청천벽력 같은 결과가 나왔습니다. 아이가 터너증후군이라는 장애를 가지고 태어난다고 하는 것이었습니다. 아들 부부에게 서울대병원에 가서 다시 검사해 보라고 권유를 했습니다. 서울대병원에서도 결과는 똑같았습니다. 그 소식을 듣고 저는 목사님과 사모님 그리고 영성학교 동역자 모임방에 기도 부탁을 했습니다. 모두 전심으로 기도해 주었습니다. 몇 개월에 걸쳐 저는 기도 부탁을 또 하고, 또 하고, 저희도 전심으로 기도했습니다.

드디어 아이가 태어났습니다. 시간이 어느 정도 지나서 아이의 피검사를 했습니다. 할렐루야! 아이는 정상이었습니다. 하나님께서 정상적인 아이로 바꾸어 주셨습니다. 우리들은 감사와 영광을 하나님께 돌려드렸습니다. 지금은 14개월 조금 지났는데, 아주 건강하고 활발합니다. 지혜도 뛰어납니다.

또 저는 오랜 세월 위염으로 고생을 했습니다. 걱정거리가 생기면 위가 아프고 신경이 쓰였습니다. 코치님이 나타난 현상에 연연하지 말라고 해서, 위가 아파도 신경을 쓰지 않고 하나님만 바라봤습니다. 그런데 지금은 위가 아프지 않습니다. 하나님께서 깨끗하게 치료해 주셨습니다. 하나님께 감사와 영광을 돌려드립니다.

우울증, 위장장애, 지옥 같은 삶을 천국으로 바꿔 주신 하나님을 찬양합니다

저는 젊을 때부터 심한 위장장애로 인해 음식을 잘 못 먹어 비쩍 마르고, 감기에도 자주 걸렸습니다. 심한 편도염으로 수술도 했으나 금세 화기가 돌며 증상이 재발했습니다. 자궁 하혈, 갑자기 자주 넘어져 다치고, 머리가 뒤로 꺾이더니 엉덩이 쪽에 붙고, 감긴 눈에서 불이 번쩍번쩍하는 기이한 일도 있었습니다. 그 뒤로 한 번씩 머리를 휙 어지럽게 돌리는 일이 생기고, 늘 불안과 염려, 근심, 걱정을 달고 살면서 신경이 예민하고, 정신이 늘 흐린 혼미한 상태로 이곳저곳 정말 많이 아프고 힘든 삶을 살았습니다. 그중 가장 힘들었던 것은, 죽고 싶을 만큼 우울한데 약을 먹어도 낫질 않는다는 것이었습니다. 하나님을 믿어 지옥을 알고 있는 저는, 스스로 죽지도 못하고 울면서 그냥 살아야만 했습니다.

딸의 소개로 영성학교를 알게 되고 하나님을 부르고 예수 보혈에 의지하며 귀신과 싸우는 기도를 하면서 아픈 것들이 낫고, 늘 죽고 싶을 만큼 우울했던 마음에 평안과 기쁨이 찾아왔습니다. 지금까지 살아 있는 것도 기적인데, 거기에 지금은 하나님이 주신 잔잔한 평안과 기쁨을 누리며 살게 되었습니다. 하나님이 주신 마음의 평안을 돌이켜 보면 가슴이 절절하며, 예전 고통스러울 때로 절대 돌아가면 안 된다는 마음에 정신이 번쩍 들면서 하나님 뜻대로 살게 해 주시고, 지금 이 은혜를 절대 잊어버리지 않게 도와달라고 매일 기도합니다.

나이 70이 넘도록 육도 살게 해 주시고 영도 살게 해 주신 하나님께 감사하면서, 이렇게 많은 나이지만 하나님이 하라고 하시면 그 어떤 일이라도 순종해야지 하는 마음으로 하루하루 기도 자리에 앉습니다. 기도가 나의 생명줄이기에 숨 쉬는 그날까지 계속 하나님을 부르겠습니다.

우리 아이의 난독증을 치유해 주신 놀라운 하나님

저희 막내아들이 6살 때 처음으로 유치원에서 한글을 배우기 시작했는데 영 진도가 더디길래 '아직 때가 아닌가 보다.' 하며 기다렸습니다. 7살 때에도 막내는 여전히 한글을 어려워해서 유치원에서 유독 국어 시간만 되면 풀이 죽어 있거나 딴청을 피운다고 했습니다. 초등학교에 입학하기 직전 겨울방학 때 작심하고 한글을 가르쳐 보았지만 ㄱ, ㄴ, ㄷ, ㄹ만 무한반복하다가 그것도 겨우 익혔나 싶으면 어느새 잊어버리고 말았습니다. 책을 읽어 주면 내용 기억도 잘하고 글의 주제 파악과 자신의 생각을 문장으로 정확히 표현할 수 있는데 유독 글자를 익히는 것이 전혀 되지 않았습니다.

초등학교에 입학하면 좀 나아지려나 했는데 학교에서 문제가 더 커졌습니다. 한글이 되지 않으니 수학 같은 다른 과목 공부도 어려워했고 무엇보다 아이 스스로 '나만 한글을 모르네. 나는 바보인가 봐.' 하며 자존감이 떨어져 학교생활에 부적응하는 것이 더 큰 문제였습니다. 1학기가 끝나갈 무렵 담임 선생님과 상담하는데 연세 지긋하신 선생님께서 1

학년을 오랫동안 담임해 보았지만, 우리 아이처럼 한글만 유독 못 익히는 아이는 처음 만난다고 하셨습니다. 저는 마음속으로 우리 아이에게 난독증이 있는 것이 아닐까 짐작만 해 왔었는데 선생님과 상담 후에 확신이 들어서 난독증 전문센터를 찾아봄과 동시에 코치님께도 이 상황을 말씀드렸습니다. 코치님께서는 하나님께서 일하시는 것을 볼 수 있는 기회라면서, 하나님 은혜를 구하자고 독려하셨고 목사님께 축출기도를 받기 시작했습니다.

여름방학 동안 매주 2회씩 난독증 전문센터에서 음운 인식훈련, 낱자와 소리를 연합하여 기억하는 치료를 받게 되었는데, 아이에게는 매우 힘든 과정이었지만 기도하고 있으니 하나님께서 도와주신다며 용기를 북돋워 주니 아이도 포기하지 않고 할 수 있었습니다. 치료 3번 만에 모음, 자음의 이름과 소리를 익히게 되었고 얼마 지나지 않아 받침이 있는 글자까지 읽는 법을 다 익히게 되었습니다. 난독센터 선생님께서 막내가 매우 빠른 속도로 익힌다며 신기해하셨습니다. 저는 하나님께서 도와주고 계심을 직감했습니다. 그렇게 여름방학이 끝나고 2학기가 시작되었을 때, 글을 읽어 내는 막내를 보고 담임 선생님께서 정말 신기하다며 놀라워하셨습니다. 아이는 자신감이 생겨서 적극적으로 학교에서 생활하기 시작했고 친구들도 더 잘 사귀게 되었습니다. 당시 학교에서 한글을 해득하지 못하는 학생들을 대상으로 기초학력전담 선생님께서 개별 지도를 해 주셨는데, 1학기 말에 봤던 한글 테스트 점수와 2학기 말때 본 테스트 점수를 비교해 주시며 이렇게 빠른 시간 안에 한글을 해득하게 되는 경우가 드물다며 놀라워하셨습니다.

아이가 한글을 떠듬떠듬 읽기 시작했을 때였습니다. 하루는 제가 식탁 위에 읽다 말고 올려놓은 《예언노트》 책을 쳐다보고는 아이가 책 제목과 목사님 성함을 스스로 소리 내어 읽고 나서 "우리 목사님 이름이 신상래 목사님이구나! 성이 쉰씨가 아니네?"라고 빙그레 웃으며 말하는 것이었습니다.

아이는 이제 아침 가족 성경 읽기 시간에 자신의 몫을 당당히 읽고 있으며 학교에서 공부도 잘 따라가고 있습니다. 글자만 보면 부담스럽고 피하고만 싶었던 아이에게 글자를 읽도록 치유해 주신 하나님 감사합니다. 아이에게 새로운 세상을 알게 해 주신 하나님 감사합니다. 우리 가족을 영성학교로 불러주셔서 우리가 알지도 못했던 연약함까지 치료해 주신 하나님께 감사와 찬양을 올려드립니다.

지옥 같은 삶에서 모녀를 건져 주신
하나님을 높여 드립니다

저의 기도학교(영성학교) 훈련은 2021년 8월 31일부터 시작되었습니다. 영성학교에 오기 약 2년 전부터 주님만 구하라는 강력한 메시지가 있었지만, 어떤 식으로 기도해야 할지 몰라서 그냥 "주님, 하나님, 하나님을 구합니다. 하나님을 알기를 원합니다. 하나님의 뜻대로 살기 원합니다."를 몇 번 하면, 그다음은 어찌할 줄 몰라서 감사, 회개, 가족들의 문제들로 기도 시간이 채워졌습니다.

저의 건강 상태는 극심한 공포와 두려움, 불안으로 속이 메스꺼워 식사가 어려웠고 체중은 계속 줄고, 체력도 급속히 떨어져서 주방에서 일하다가도, 길을 걷다가도 쉬어야 했습니다.

전심으로, 간절히, 온 마음으로 하나님을 부르라는 코칭을 듣고는, 정말 온 힘을 다해 미친 듯이 하나님을 부르고 예수 피를 외쳤습니다. 1주일 정도 지나자 몸에 힘이 붙은 것을 느꼈습니다. 음식 냄새에 대한 메스꺼움도 거의 줄었습니다. 그 후로 계속 체력이 좋아졌고, 거침없이 밥도 잘 먹어 체중도 5~6kg 늘어나고, 지금은 누구보다 건강해졌습니다.

얼마 지나지 않아, 극도로 반항적인 사춘기 고등학생 딸이 기도를 같이 하게 되었습니다. 딸은 하나님에 대한 믿음이 없었고, 영성학교에 다니면서도 저(엄마)의 모습들을 못마땅하게 보며 자기 마음에 안 든다고 걸핏하면 따지기를 잘하였습니다. 이런 딸은 하나님께서 만져 주셔야 한다는 코칭을 듣고 저는 자기부인으로 묵묵히 기도에 전념하였습니다.

2022년 2월 코로나 확진으로 딸이 격리되게 되었는데, 굳이 생활관에 가겠다고 했습니다. 선하신 하나님을 의지하며 보냈습니다. 그날 밤, 휴대폰이 고장 났는데 엄마 탓이라고, 10일간이나 어떻게 지내느냐며 같은 방 아주머니 휴대폰이라며 전화로 원망, 불평, 짜증을 쏟아냈습니다. 제가 보낸 것이 아닌데 말이죠. 그러든 말든 항상 기뻐하라. 범사에 감사하라. 쉬지 말고 기도하라는 말씀대로 감사하고 기뻐하며 계속 기도했습니다. 다음 날 전화가 왔습니다. 숨이 안 쉬어진다고, 죽을 것 같다고…. 저는 겉으로는 놀란 것처럼, "기도하자. 하나님을 부르자. 예수 피를 외치며 의지해 보라."고 했지만, 속으로는 '이건 뭐지? 하나님께서 무슨 일을 하시는 건가?' 하며 왠지 기뻤습니다. 딸은 너무 고통스러워 격리 가운데 기도할 수밖에 없었고, 나중에 들었지만, 병원에서 해결될 일이 아닌 것을 알았다고 합니다. 휴대폰 고장으로 자유로운 통화도 못 하는 격리된 며칠간 딸은 기도했고, 저는 집에서 더욱 하나님을 부르며 전심으로 예수 피를 의지하여 외치며 기도했는데 "좀 나아졌고 살 것 같다."고 연락이 왔습니다.

격리가 끝나고 우리 모녀는 반갑게 상봉하였습니다. 딸은 휴대폰 고장과 숨이 막힌 일이 정말 절묘한 하나님의 일하심이었다고 인정했습니다. 이러한 경험 후, 딸의 기도훈련은 하나님을 경험한 일 위에서 탄력을 받아 자기부인을 포함한 훈련으로 이어졌습니다.

2022년 10월, 딸의 양쪽 어깨에는 심각한 문제가 있었습니다. 각도가 심하게 내려와 있었는데, "아프다. 내 어깨는 왜 이렇게 생겼느냐? 어깨가 이러니 통증에 불편하고 옷을 입어도 이상하고⋯." 저를 볼 때마다 하소연에다 원망, 불평이었는데, 어느 날 갑자기 "엄마!" 하고 부르더니, "엄마 내 어깨 좀 봐!" 하며 자기 어깨가 올라왔다며 보여 주는데 진짜 정상으로 올라와 있었습니다. 육안으로 봐도 진짜 심해서 이걸 어쩌나? 수술할 수도 없고 너무 황당하기만 했었는데, 이렇게 고쳐 주시다니 놀라우면서도 믿겨지지 않았습니다.

그리고 병명은 모르겠지만, 딸의 발바닥은 양쪽으로 심하게 처져 걷기 힘들다며 호소해 왔고 값비싼 기능성 신발을 신었었습니다. 근데 이 일도 얼마 안 되어, 이제 일반 운동화 신겠다고, 괜찮아졌다고 하여 지금껏 일반 운동화를 신고 지냅니다.

놀라운 하나님의 은혜! 영성학교에서 시작한 하나님의 이름을 부르는 기도의 놀라운 능력! 계속 기도할 수 있도록, 하나님을 찾는 자가 되도록, 저와 딸에게 기적과 믿음의 경험을 계속 주시는 하나님, 하나님을 찬양합니다. 하나님, 감사합니다. 하나님, 이 세상을 떠나기까지 하나님을 부르는 영성학교의 성령내주 기도훈련을 기쁨과 감사함으로 계속하겠습니다. 늘 동행하여 주세요.

기도로 고질병과 불치병이 치유된 113人의 체험담

59

불안과 공포, 귀신의 공격, 어두움의 터널에서
빛으로 나가기까지

저는 어릴 때부터 주일학교를 다니며 신앙생활을 했습니다. 그런데도 극심한 두려움에 시달려 뜬눈으로 밤을 새우기 일쑤이고, 누워 있으면 숨이 막혀 죽을 것 같은 답답함과 조임에 벌떡 일어나야 했으며, 밤중에 자다가 깨게 되면 심장이 심하게 뛰며 혓바닥은 가뭄에 논바닥 갈라지듯 갈라지고 바짝 마르는 일들이 자주 있었습니다. 어느 날 주방에 있는데, 갑자기 정신과 의지가 무언가에 의해 휙 낚아채지는 이상하고 두려운 경험을 하게 되었습니다. 그것은 마치 아주 강한 자력에 끌려가는 것 같은 느낌이었습니다. 그 이후로 어떤 영적 존재들이 나의 정신과 의지를 장악하려고 날마다 조여오고 있음을 깨닫게 되었습니다. 성경 말씀에 나오는 거라사의 광인이 어떤 식으로 그런 지경이 되었는지를 알게 되었습니다. 그 존재들은 속에서 예수님을 욕하여 죄책감에 시달리게 했으며, 하나님을 부르면 심하게 반응해서 말씀을 보지 못하고 기도를 하지 못하도록 차단했습니다. 하루 종일 시달리다 보니, 밤이 되면 몸은 말할 수 없이 피곤하여 눈이 감기는데 잠을 잘 수가 없었습니다.

제 상황을 글로 써 출석교회에 보냈지만 응답이 없었고, 매일 보이지 않는, 그러나 분명히 존재하는 영적 존재들에게 넘어가지 않으려고 안간힘을 쓰며 버티어 내는 지옥 같은 날들을 보내고 있었습니다. 그러던 중 우연히 하나님 도우심으로 영성학교로 인도되어 기도훈련을 받게 되었습니다. 기도훈련을 받다 보니 밤중에 잠깐 깨긴 해도 잠을 자게 되었고, 제 마음에 차츰 불안과 두려움이 사라지고 서늘한 기운이 따뜻하게 변해가는 것이 느껴지고 있습니다. 그리고 평안한 마음이 들 때가 잦아지고 있기도 합니다. 양팔에서 느껴지던 심한 쪼임과 등의 서늘한 기운도 차츰 약해지고 배 속과 가슴에서 느껴지던 존재감이 약해졌으며 답답함이 사라졌습니다. 기도훈련을 할수록 혼란스럽던 생각과 정신에 분리가 되고 분별력이 생기며 맑아지는 것 같습니다. 더욱 이 기도훈련에 매진하여 하나님께서 사랑하시는 귀하고 불쌍한 영혼들을 구하는 정예 용사로 훈련되길 소원합니다.

60

우리 아이 아토피가 나았어요

겨울이 되면 저희 아이는 아토피로 고생하였습니다. 아토피로 가려워서 긁다 보면 피부가 벌겋게 올라오고 아이는 정말 고통스러워했습니다. 의사 선생님은 비누도 쓰지 말고 통 목욕도 하지 말라고 하셨습니다. 샤워만 잠깐 하는 걸로 권유하셨습니다. 그렇게 하지 않으면 아토피는 더욱 심해진다고 당부하셨습니다.

하나님을 부르는 기도로 이제는 약을 바르지 않습니다. 물론 비누로 씻고, 통 목욕도 합니다. 지금은 바디로션도 잘 안 바를 정도입니다.

61

성격장애 및 정신질환, 자살 충동, 불안감, 가슴 답답함, 가슴 조임 등 외상후 스트레스 증상에서 해방되는 기쁨을 주신 하나님

저는 훈련받은 지 약 2개월 된 30대 기혼여성입니다. 9월경 남편은 직장에서 발생한 어려움으로 인해 공포에 사로잡혀 출근하지 못하고, 불안, 분노, 불면증, 가슴 답답함, 조임 등 정신적 외상으로 인한 증상이 나타나기 시작했습니다. 군대에서 잠깐 피웠다 끊었던 담배를 다시 피우기 시작했고, 낮에도 술을 충동적으로 마시기 시작했습니다. 심리상담센터에서 주 1회 상담을 받고, 정신건강의학과에서 약을 처방받았습니다.

다시 출근하기 시작하자 불안감과 가슴 두근거림 답답함이 심해졌고, 손발에서는 땀이 나서 양말을 하루에도 몇 번이고 갈아 신어야 했습니다. 그러면서 약 복용 횟수를 아침, 점심, 저녁, 잠자기 전 총 4회로 늘리게 되었습니다. 당직 때에도 깊이 잘 수 없었고, 선잠이라도 들면 악몽을 꾸며 죄책감과 공포에 괴로워했고, 유서를 쓸 정도로 자살 충동을 느꼈으며, 집에 오는 차 안에서 우는 날들도 많았다고 합니다. 맡은 업무들을 살펴보지 못해 일들은 쌓여 갔지만, 불안감과 구토 증상으로 인해 제대로 수행할 수 없었습니다.

기도로 고질병과 불치병이 치유된 113人의 체험담

성령내주 기도훈련을 시작하면서 저와 남편의 변화된 점을 말씀드리고 싶습니다.

1) 본인

- 마음의 진정한 평안함, 쉼을 찾다.

: 원래 인생은 고단한 것이고, 나만 힘들게 산다고 유난을 떨 것도 아니며, 교회에서 말하는 연단이나 훈련이겠거니 하고 막연하게 견뎌 냈던 것 같습니다. 그러나 하나님이 주시는 축복은 세상에서 얻을 수 없는 것이며, 사람으로부터 받을 수 없는 행복입니다. 돈으로 살 수도 없고 내가 노력해서 얻을 수도 없는 참 평안함을 이제 맛보고 있습니다.

- 성격장애 및 정신질환이 사라지다.

: 급한 성격, 큰 감정 기복, 분노조절장애, 강박증, 우울증, 거식증, 폭식증 등 제가 가지고 있던 어려움들이 어느 순간 사라지게 되었습니다. 아직 완전하지 않지만, 신체도 건강해지고 마음은 더욱 편안해졌습니다. 그리고 깊은 잠도 잘 수 있게 되었습니다. 그리고 2008년 1월부터 복용과 단약을 반복했던 신경정신과 약을 완전히 끊게 되었습니다.

- 가정 내의 관계가 회복되다.

: 시어머니의 이해하기 어려운 행동들이 서운함으로 쌓이다가 산후우울증이 발병하면서 미움으로 폭발하게 되었고 관계가 틀어지게 되었습니다. 그러나 이 기도 후에 하나님께서 새로운 마음을 주셔서 제가 먼저 시댁에 찾아가게 되었고, 현재는 원만하게 지내고 있습니다. 그리고 자

연스럽게 친정 식구들과도, 또 저희 가정 내에서도 '가족다움'이 생겼습니다. 이런 편안함과 자연스러움 없이 과거엔 어떻게 살았는지 참 의문스럽습니다.

2) 남편

- 외상후 스트레스 증상이 거의 사라지다.

: 자살 충동, 불안감, 가슴 답답함, 가슴 조임 등의 증상들은 모두 사라졌습니다. 그리고 아직 수면제는 복용하지만, 하루 3번 먹던 신경정신과약은 끊게 되었습니다. 가슴이 답답해서 피웠던 담배도 끊었고 얼굴도 굉장히 밝아졌습니다. 그리고 2개월 가까운 시간 동안 손에 잡히지 않았던 업무들을 집중해서 부지런히 처리하고 있습니다. 심리상담센터 담당자분께서도 경직되었던 몸의 자세가 굉장히 부드러워지고 에너지도 생긴 것 같다고 말씀하셨답니다. 손발에서 땀이 나던 증상은 사라졌었는데, 며칠 전부터 다시 나타나, 없어지기를 기도하면서 기다리고 있습니다.

- 근무 여건, 환경이 변화되다.

: 이 기도를 시작하기 전, 남편에게 유독 복잡하고 머리 무거운 업무가 자주 떨어졌는데, 이제 그런 업무들이 발생하지 않는다고 합니다. 남편이 일부 직원들과의 관계에서 받은 마음의 상처도 일련의 과정을 통해 풀리게 되면서, 근무하기 조금 더 나은 여건이 되어 참 감사합니다.

> 주께서 인생으로 고생하게 하시며 근심하게 하심은 본심이 아니시로다(애 3:33)

하나님! 당신은 완전하시고, 언제나 선하시며, 인자하십니다. 저는 당신의 충성스럽고 깨끗하고 지혜로운 종이 되길 원합니다.

직업병을 치유해 주신 하나님

팔을 많이 사용하는 직업이다 보니 10년 전부터 오른쪽 어깨가 많이 아프고 시리며, 잠잘 때도 결려 저주파 기계를 사용하기도 해 보면서 지냈습니다. 옷 입을 때 팔을 들어 올릴 수도 없었고, 자다가 팔을 잘못 들어 올리면, 악! 소리가 나도록 아팠습니다. 영성학교에서 팔을 흔들며 기도하니 더욱 힘들었습니다. 그래도 아랑곳하지 않고 기도하다 보니, 팔이 점점 나아져서 기도한 지 1년 반 정도 되어 완전히 치유되어 팔을 마음껏 움직일 수 있게 되었습니다. 고질적인 팔 통증을 치유해 주신 하나님께 감사드립니다.

기도로 고질병과 불치병이 치유된 113人의 체험담

63

백신 부작용으로 전신을 뒤덮은 공포의 피부병이
치유되었어요

2021년 8월 코로나백신 1차를 접종 후 온몸이 가렵고 손바닥, 손가락에 수포가 몇 개 생겼는데, 대수롭지 않게 여겼습니다. 1달이 경과하고 2차를 접종했는데, 그때부터 잠도 못 잘 정도로 가렵기 시작했고, 얼마 지나지 않아 급속도로 상태가 나빠졌습니다. 온몸이 갈색 점으로 뒤덮이게 되었고, 얼굴이 새빨개지고, 붓고, 등과 목은 각질로 뒤덮이고, 피와 진물이 나고, 피부를 살짝만 문질러도 벗겨지는 등 일상생활이 불가능한 정도가 되었습니다. 이미 오랜 세월 투병생활을 하고 있어 삶의 의지가 없었던 터라, '그냥 죽자.'라는 생각으로 버티고 있다가 가족들에게 끌려 인근 대도시의 피부과 의원에 갔습니다. 의사가 큰 병원에 가라며 진료의뢰서를 써주어 대학병원에 가서 검사를 했는데, 병명이 나오질 않았고 백혈구, 혈소판 수치가 비정상이라며 혈액종양내과로 가라고 했습니다. 이미 오랜 세월 병으로 겨우겨우 살고 있었던 터라, 여기다 병을 또 얹고 살 수는 없다고 가족들을 설득해 병원 치료를 포기했습니다.

그러던 차에 지인분이 신목사님 유튜브 동영상을 보내 주셨습니다.

고등학교 교사로 정년퇴직을 하고 신학교에 다니고 있는 신뢰할 만한 분이시라 동영상을 몇 번 보았고, 2022년 3월 20일 영성학교에 처음 발을 들였습니다. 얼떨결에 등록을 하고 그날부터 기도훈련이 시작되었습니다. 집에서 목사님 동영상을 보고 기도훈련을 하면서 '이게 과연 맞는 길인가?'에 대해 끊임없이 탐색했고, 3달쯤 지나자 어느 정도 확신이 생겨 토요일과 일요일 영성학교에 와서 축출기도를 받기 시작했습니다. 그리고 얼마지 않아 충주에 방을 얻어 목금토일 영성학교에 와서 기도훈련을 받게 되었습니다. 그때부터 악화와 호전을 거듭하면서 피부병이 좋아지기 시작했습니다. 집에 갈 때마다 식구들을 놀라워하고 기뻐했습니다. 우리 가족들은 희망이 전혀 없다고 생각했거든요. 저를 영성학교에 보낼 때 가족들은 지푸라기라도 잡는 심정이었다고 합니다.

2022년 6월에 충주에 방을 얻어 본격적으로 기도훈련을 받기 시작해서 2023년 2~3월이 되었을 때는 모든 증상이 사라졌습니다. 처음 병원에 갔을 때 의사가 큰 병원 가야 한다면서, 혹시 좋아져도 만성으로 완치가 안 될 거라고 했는데, 그 여러 증상들은 완전히 다 사라졌고 다시 재발한 적이 없습니다. 다만 그때 생겼던 반점들, 피와 진물이 흘렀던 상처들의 흉터들은 흐릿하게 남아 있습니다.

나를 기가 막힐 웅덩이와 수렁에서 끌어올리시고 내 발을 반석 위에 두사 내 걸음을 견고하게 하셨도다(시 40:2)

64

빈혈, 유방과 자궁의 혹, 쇠약한 육체를 고치시는 하나님

태어날 때부터 영성학교 가기 전까지 몸이 쇠약하여 아픈 것이 당연했고, 병원 가고 약 먹는 것을 당연하게 여기고 살았습니다. 하나님의 이름을 부르기 전에는 그것이 귀신의 소행임을 전혀 눈치를 채지 못한 채 살았습니다.

그런데 하나님 이름을 부르니 저를 괴롭혀 왔던 각종 질병들이 더 드러나기 시작했습니다. 헤모글로빈 수치가 정상보다 절반 이하로 떨어지면서 빈혈이 왔으나 축출기도를 받으면서 빠르게 호전되었고 지금은 정상입니다. 불면증에 시달리던 육체는 잠을 많이 자게 되는 신기한 현상을 겪기도 하였고, 육체적·정신적 피로감도 점차 회복되었습니다. 수족냉증도 치유가 되고 추위 민감증도 없어졌습니다. 내복을 입지 않고도 겨울을 지낼 수 있게 되었습니다. 면 마스크를 끼지 않아도, 양말을 신지 않아도 밤에 잠을 잘 수 있게 되었습니다. 유방의 혹들로 인하여 고통과 절망 속에 살아왔는데, 축출기도를 받고 나서 더 이상의 수술 없이도 유방의 혹들이 작아지거나 정상이 되거나, 더 이상 나빠지지 않고 통증도 사라짐을 볼 때 귀신의 소행임을 알게 되었습니다. 자궁에서도 혹들이 발견되었으나 기도를 받으면서 더 이상 나빠지지 않고 건강해졌습니다. 출산 이후에 경험했던 공황장애나 과호흡, 부종도 기도를 통해서 사라지게 되었습니다. 가위눌림, 이유 없는 두려움과 불안감도 사라졌고 식욕부진에서도 벗어나게 되었습니다. 사람이 무서워서 피하는 것도 점차 없어졌습니다.

저는 세상에서 건강하게 사는 사람들이 제일 부러웠던 사람 중의 한 사람입니다. 단 하루라도 건강하게 사는 게 뭔지 궁금했었습니다. 하나님의 이름을 부르는 기도를 통해서 쇠약하던 육체가 정상으로 회복되어 가고 있음에 감사합니다. 나이는 젊어도 몸은 만신창이였던 저를 살려 주신 하나님께 영광과 감사를 올려드립니다. 아직 질병이 온전히 낫지 못한 부분들도 있어서 때로는 낙심과 근심으로 슬퍼하다가도 이런 나를 불러주신 하나님, 영성학교를 세워주신 성령님, 예수 보혈로 이미 나를 고치신 예수님, 목사님, 사모님, 수석코치님들과 가족들을 떠올리면 결코 기도를 포기할 수가 없습니다. 이제는 나의 약함 속에서 하나님의 강하심과 역사하심이 드러나 하나님께서 영광받으시길 기도드리고 있습니다. 그리고 저와 같이 고통 가운데 사는 영혼들을 도와주고 싶고, 주님의 제자가 되어 남은 삶을 살고 싶습니다.

65

만성 편두통과 공황장애를 치유해 주신 하나님

저는 5살 때까지 알 수 없는 두려움에 휩싸여 집 밖을 나가지 못했습니다. 그러다가 하나님께 기도하면 들어주신다는 얘기를 듣고 어린 두 손을 모아 잠자기 전에 매일 기도를 드렸습니다. 그러면서 밖에 나가게 되었고 친구들과도 놀 수 있게 되었습니다. 초등학교 저학년 때는 늘 배가 아프고 머리가 아파서, 하교 후 집에 오면 온 방을 뒹굴며 괴로워했던 기억이 있습니다. 이래저래 허약체질을 타고나 늘 기운이 없었고 뭔가를 하려고 해도 건강 때문에 자신이 없었습니다. 성인이 된 후에도 고질적인 두통은 어떤 약으로도 잘 듣지 않는 편두통으로 자리 잡았습니다. 편두통이 심할 때는 구토증상이 동반되어 약을 먹을 수 없으니, 그대로 늘어져 응급실에 가는 상황이 여러 번 있었습니다. 대학병원에서 온갖 검사를 해도 원인을 찾지 못했고, 처방해 준 강력한 약도 일주일에 2번만 먹으라고 하니 몸과 마음이 지쳐 갔습니다.

그러다가 크리스천 영성학교 기도훈련을 신청하고 조금씩 기도를 하고 있을 때였습니다. 그날도 편두통이 시작되어 괴로운 중에 기도하고 있었습니다. 하나님께서 낫게 해 주시리라는 믿음도 없었는데, 기도한 지 얼마 되지 않아 두통이 말끔히 사라지는 경험을 했습니다. 약도 듣지 않던 고질적인 두통이 기도 중에 싹 사라지니 신기했습니다. 그 후 하나님을 부르는 이 기도에 더욱 매진하게 되었고 약했던 몸도 조금씩 건강해지기 시작했습니다.

그 후 기도훈련 한 지 5년쯤 되었을 때, 기도하는 데 난데없이 가슴이 답답해지면서 죽을 것 같은 공포가 밀려왔습니다. 그것도 영성학교 축출기도 시간에…. 빨리 그 자리를 박차고 나가고 싶었고 숨이 안 쉬어져서 질식할 것 같았습니다. 그러나 지금까지 훈련받았던 대로, 그냥 그 자리에 앉아서 온 힘을 다해 예수 피를 외치고 십자가에서 돌아가신 주님을 떠올리며 힘겨운 싸움을 했습니다.

사실 이러한 공황발작은 20대 때 큰 시험을 앞두고 찾아왔었고 직장생활 속에서도, 결혼 후에도 간간이 저를 괴롭혔습니다. 하지만 기도훈련을 하면서 전혀 드러나지 않아서 감지하지도 못했는데 옛날의 그 공포가 다시 엄습한 것입니다. 다시 시작된 공황증세는 그 이후에 시도 때도 없이 찾아왔습니다. 밥을 먹다가도 너무 큰 죽음의 공포로 음식을 삼키지 못했고, 잠을 잘 자고 일어났는데도 갑자기 죽을 것 같아서 괴로웠습니다. 공황증세가 심해지면 온몸에 전기가 흐르는 것처럼 찌릿찌릿 저리며 현실을 감각하기 어려웠습니다. 특히, 축출기도 시간만 되면 더욱 드세게 날뛰어 힘들었습니다. 하지만 그동안 몸에 밴 훈련 때문에 당연히 축출기도 시간에 전심으로 기도하며 귀신들과 맞짱을 뜨는 싸움을 계속했습니다. 누군가가 도와줬으면 좋겠고 내게 큰 힘이 있으면 좋겠는데, 그렇지 못했고 늘 힘겹고 밀리는 싸움 같았습니다. 그렇지만 '예수 피면 다 돼! 예수님도 십자가에 달리실 때, 씩씩하게 힘 있게 싸우신 게 아니라, 힘이 없으셨지만 그냥 하나님께 맡기고 버티신 거야. 나도 그냥 예수님만 보며 버티는 거야.' 이런 마음으로 포기하지 않고 견뎠습니다.

그러다 보니, '죽을 것 같아.'와 '예수님이 계시니까 괜찮아.'의 마음 사이에서 헤매는 저를 인지하게 되었고, 예수님 편으로 제 몸과 영혼을 맡겼습니다. 죽음의 공포와 평안의 간격이 하늘과 땅처럼 먼 것 같았지만 사실 예수님을 믿는 마음으로 확 옮겨졌을 때는, 그 사이의 간격이 종이 한 장 차이밖에 안 났습니다. 지켜 주시는 주님을 믿기로 선택했을 때 죽음의 공포에서 확 해방되는 기분을 맛보았습니다! 그리고 그 후에 공황발작이 드러날 때는 감사하게도 발작의 단서가 인지됐습니다. 전에는 뭣도 모르고 기습공격을 당했다면 발작의 시초를 감지하며 공격의 기미를 알아차리게 된 것입니다. 그래서 가슴에서부터 작은 점처럼 서서히 퍼지는 공포가 밀려올 때, 예수 피를 외치며 주님께 시선을 고정하여 믿음과 감사의 말로 기도했습니다. 그러면 가슴에서부터 퍼지던 두려움과 죽음의 공포가 작아지고 사라져서 일상의 삶을 살 수 있었습니다.

육체의 허약함과 두통, 공황장애를 겪고 싸우면서 그 과정이 힘들기도 했지만, 결국 포기하지 않고 하나님을 찾고 예수 피를 외치니 주님께서 직접 악한 영들과 싸우시고 아픈 곳을 고쳐 주셨습니다. 치열한 상황에서 하나님의 군사로 한 걸음 더 나아갈 수 있도록 훈련받게 하신 것을 감사드립니다. 할렐루야!

근긴장성 디스트로피라는 유전병이자 불치병에 걸린 아내 이야기

제 아내는 근긴장성 디스트로피라는 희귀질환인 근육병을 앓고 있습니다. 근육병은 현대의학에서 아직 치료약이 개발되지 않아 치료할 수 없는 불치병입니다. 불행 중 다행으로 아내는 서서히 진행되어서, 결혼 당시는 몰랐고 결혼 8년 차에 딸아이를 출산하고 난 뒤 산후 회복이 잘 안돼서 진료를 받아보니 장모님과 같은 유전병으로 진단을 받았습니다. 그 후 서서히 진행되어 약 6~7년 전부터는 휠체어를 타야만 이동이 가능하게 되었습니다. 그런데 2022년 말경부터 식사를 잘 안 하고 하루 종일 잠에 빠져 있으니, 그나마 살과 근육이 다 빠져 버리고 입맛이 없어 죽을 먹다가 죽도 제대로 먹지 않았습니다. 저는 아내의 이런 모습을 지켜보면서 저러다 금방 죽을 수도 있겠다는 생각이 들었고 두려웠습니다.

아내에게는 근육병으로 인한 또 다른 여러 가지 증상들이 있습니다. 기억력장애, 연하장애(삼킴곤란), 배변장애, 백내장으로 인한 시력 저하(기억력 저하와 함께 사람들을 잘 알아보지 못함), 무기력증(틈만 나면 누우려 하고 무엇이든지 의욕이 없음), 방광기능이 약해짐(매일 밤 약 2시간 간격으로 소변을 봄) 등이 있습니다.

지난 4월 초에 습관적인, 기도 아닌 기도를 해 오던 저는 하나님께서 살아 계신데 진짜 하나님께 기도를 해야겠다는 생각이 들었습니다. 그러나 어디서부터 시작해야 할지 막막했습니다. 인터넷을 뒤지다가 크리스천 영성학교를 발견하였고, 기도훈련을 시작하게 되었습니다. 제가 기도훈련을 시작한 지는 6개월, 아내와 함께 영성학교에 와서 축출기도를 받은 지는 약 5개월 되었습니다.

현재 아내의 상태는 전체적으로 좋아졌습니다. 먼저 식사를 잘합니다. 표정도 많이 밝아졌고, 혈색도 좋아졌습니다. 기억력도 개선되었고, 손의 힘(악력)도 좋아졌고, 기도하기 전에는 저와 대화가 잘 안됐는데, 지금은 저와 대화가 잘되는 편입니다. 그리고 무엇보다 지난 11월 3일 밤부터, 밤에 소변 때문에 일어나는 일이 없어졌습니다. 4일 아침에 일어났는데 지난밤에 한 번도 안 깬 겁니다. 그런데 이상하게도 제 마음에 '하나님께서 고쳐 주셨나?' 하는 생각이 들었습니다. 오늘로 7일이 지났고 설레는 마음으로 지켜보고 있습니다. 할렐루야!

완전히 일어나 걷기를 학수고대하고 있지만, 먼저 하나님께서 아내를 만져 주셔서 한 가지 한 가지씩 고쳐 주심에 감사드리며, 우리의 기도를 들어주시고 우리와 함께하신다는 생각에 그저 감사할 뿐입니다. 머지않아 성전 미문의 앉은뱅이가 일어나 걷고 뛰며 주님을 찬양한 것과 같이,

아내도 일어나 걷고 뛰며 여호와의 이름을 찬양할 것을 믿으며 오늘도
하나님의 이름을 부르며 달려갑니다.

67

갑자기 생겨난 조현병이 성령의 능력으로 회복된 사건

심수 년 전에 일어난 일입니다. 어느 날, 지인이 조현병 증상이 있다는 소식이 들렸습니다. 평소에 말짱한 사람이었는데 갑자기 제정신이 아니라는 거였습니다. 말하자면 미친 사람의 행동을 하기 시작했습니다. 아파트 베란다에서 집기를 집어 던지고 심지어는 애완용 토끼를 집어 던지는 끔찍한 일도 벌였습니다. 그 애완용 토끼는 지인의 딸이 동생처럼 아끼며 기르고 있는 토끼였습니다. 그것은 평소에 이 지인의 성품으로 보면 절대로 하지 않을 행동이었습니다. 그뿐만이 아니었습니다. 하루 종일 횡설수설 알아들을 수 없는 말을 하면서 돌아다녔습니다. 심지어는 택시를 타고 가다가 달리는 차 안에서 문을 열고 뛰어내리려고 해서 택시 기사가 가슴을 쓸어내리는 사건도 발생했습니다. 그때 머리를 다쳐서 커다란 상처가 나기도 했습니다. 그뿐만이 아닙니다. 그분이 사는 아파트는 기차 철로 옆이었는데, 갑자기 길을 가다가 달리는 기차에 뛰어들려고 해서 이를 본 사람들을 경악시키기도 했습니다.

그중에서도 압권은 밤에 잠을 자지 않고 아파트 주변을 배회하는 것이었습니다. 깜깜한 밤에 소리 없이 어떤 여자가 아파트를 돌아다니고 있다면 주민들이 얼마나 놀랄지 생각해 보세요. 당연히 주민들이 경찰에 신고를 여러 번 해서 경찰이 찾아왔었다고 합니다. 그러나 밤에 잠을 자지 않고 돌아다니는 게 무슨 범죄가 아니기 때문에 집에 데려다주고 돌아가곤 했다고 합니다. 그러나 한두 번도 아니고 밤마다 나와서 돌아다니기 때문에 주민들의 불안과 공포가 심했다고 합니다.

그러자 할 수 없이 남편은 병원을 찾을 수밖에 없었습니다. 그때 이 남편이 저에게 전화를 해서 병원에 동행할 수 있냐고 물었고, 근처의 종합병원에 동행하게 되었습니다. 이분의 검진을 맡은 정신과 의사는 한마디로 중증이라고 말했습니다. 그도 그럴 것이, 대화도 되지 않고 혼자서 횡설수설하고 있기 때문이었습니다. 의사는 정신병원에 격리시켜서 치료해야 하며 10년 이상의 시간이 걸릴 것이라고 말했습니다. 그런데 문제는 병원비였습니다. 하루에 10만 원 이상의 병원비가 든다고 하였습니다. 말하자면 1달에 300만 원이 넘는 병원비가 필요했던 것입니다. 그러나 이 부부는 임대아파트에 살면서 겨우 입에 풀칠을 하는 곤궁한 형편이었습니다. 그래서 쓸쓸히 발길을 돌려 집으로 돌아올 수밖에 없었습니다.

그때 갑자기 제 머리에 불쑥 들어오는 생각이 있었습니다. 이 지인이 말하는 내용이었습니다. 이 지인은 황당한 얘기를 줄줄이 늘어놓고 있어서 무엇을 말하는지 알 수는 없었지만, 어떤 스토리를 가지고 말하는 것은 분명했습니다. 그러나 정신 분열이 되어서 미친 상황이라면 특정한 스토리의 이야기를 할 수 없지 않습니까? 그냥 하루 종일 히죽히죽 웃고 다니거나, 아무도 알아들을 수 없는 음절만을 반복해서 말하지 않

기도로 고질병과 불치병이 치유된 113人의 체험담

겠습니까? 그런데 제 눈에 보기에는, 황당한 말을 하기는 했어도 분명히 어떤 스토리를 가지고 말하는 것이 분명했습니다. 그러나 당시 저는 귀신의 공격이나 증세에 대해 자세히 알지도 못하였고 귀신을 쫓아낸 적도 없었습니다. 물론 귀신을 쫓는 현장에 가서 구경을 한 적도 없었습니다. 그러나 '혹시 이 지인의 문제가 정신이 분열되거나 미친 게 아니라 귀신의 공격 때문이 아닐까?'라는 생각이 들었습니다. 그래서 지인의 남편에게 제가 데리고 가서 기도해도 되겠냐고 제안을 하였더니, 특별한 방법이 없던 터라 흔쾌히 수락해 주었습니다. 그래서 그길로 그 지인을 제가 사는 아파트로 데리고 왔습니다. 그런데 문제는 이 지인이 밤새도록 잠을 자지 않는다는 거였습니다. 눈동자를 보면 초점이 없어서, 마치 눈알이 움직이지 않는 물고기 눈동자처럼 섬뜩하게 보였습니다. 당시 필자는 아내와 아파트에서 단둘이 살고 있었는데, 우리가 자는 동안 이 지인이 무슨 사고를 칠지 몰라 아내와 번갈아 가며 자면서 이 지인의 동태를 살폈습니다. 또한 집안에 흉기가 될 만한 칼이나 가위 등을 숨겨 놓기도 했습니다. 그래도 이 지인이 전혀 모르는 사람이 아니라 알고 지냈기에 낯선 사람이 아니었다는 게 다행이라면 다행이었습니다.

어쨌든 제가 할 수 있는 일이라고는 귀신을 쫓아내는 기도를 하는 것뿐이었습니다. 지금이야 수백 명의 사람들에게서 귀신을 쫓아내는 사역의 경험이 있어서 이런 사태가 아무것도 아니겠지만, 당시에 저는 귀신을 쫓아내는 기도를 한 번도 한 적이 없어서 무척이나 낯설었습니다. 그러나 이 지인이 불쌍하고 이 가정이 너무도 안되었기에 지푸라기라도 잡는 심정으로 아내와 함께 기도하기 시작했던 것입니다. 기도를 시작하면 몸부림을 치기 때문에 아내와 꽉 붙잡고 기도했던 기억이 납니다.

또한 기도를 시작하면 이 지인은 그동안 자신을 비난하고 욕하고 학대했던 식구나 친척들에게 욕을 하고 소리를 질러댔습니다. 참으로 기이한 일이었습니다. 평소에는 아무 말도 하지 않거나 횡설수설하다가, 귀신을 쫓는 기도를 하면 갑자기 주변 사람이나 가족들을 향해 욕을 하고 비난을 하는 게 기이했습니다. 그렇게 저희 부부는 하루에도 몇 번씩 이 지인을 붙잡고 축출기도를 했습니다.

이틀이 지나서 아침이 되었는데, 자고 일어나니 이 지인이 정상으로 돌아와 있었습니다. 그래서 우리 부부는 너무 놀랐습니다. 이 지인은 우리 부부에게 왜 자신이 여기에 와 있냐고 되물었습니다. 참으로 기가 막힌 일이었습니다. 그래서 필자가 어떻게 된 거냐고 물어보았더니, 어떤 영이 자신이 하나님이라고 하면서 자신이 시키는 대로 하면 축복을 해 주고 잘 살게 해 주겠다고 해서 그 영이 시키는 대로 한 것이라고 했습니다. 말하자면 귀신이 머리를 장악하고 속여서 생각을 넣어 주는 대로 행동을 한 것이었습니다.

이 사건이 제가 처음으로 귀신을 쫓아낸 사건이었습니다. 그 뒤로도 귀신이 자꾸 들어오려고 해서, 저희 부부가 열흘 가까이 이 집을 방문해서 기도를 해 주었습니다. 그때 귀신이 기이한 빛처럼 보인다고 말한 지인의 말이 기억납니다. 오래전 일이지만, 제가 처음 귀신을 쫓아내었기에 지금도 특별히 기억나는 사건입니다.

기도로 고질병과 불치병이 치유된 113人의 체험담

68

하나님께서 못 고칠 병이 없음을 증명하는 편지

저는 태어나면서부터 건강체질이 아니었습니다. 8남매의 막내로서 엄마 젖이 나오지 않아 먹지를 못했다고 항상 우리 어머님이 살아 계실 때 안쓰러워하셨습니다. 그런데 목사님을 만나서 이 기도를 하고 난 후 건강이 너무너무 좋아졌습니다. 색다른 음식만 먹어도 속쓰림이 아주 심했고 매운 음식도 먹지를 못했는데, 지금은 속쓰림이 전혀 없습니다.

제가 사는 도시에서 잘 고치기로 유명한 이비인후과를 갔었는데, 왼쪽 귀를 보시더니 "이 정도라면 이미 왼쪽 뇌에 이상이 있어야 하는데…." 라며 의사 선생님이 놀라셨습니다. 지금까지 살아 있다는 것이 이상하다는 눈치였습니다. 그래서 속으로 그랬죠. '나는 하나님을 믿는 하나님의 사람입니다.'

양쪽 머리가 가끔 찌릿찌릿 했었는데 이 증상이 없어졌습니다. 어느 날 갑자기 왼쪽 눈에 비문증이 오고 눈도 흐릿했는데 아주 밝아졌습니다. 또 오른쪽 목과 어깨 사이가 단단하게 굳어 있었는데 풀어졌고, 손발이 아주 차가웠는데 따뜻해졌습니다. 아랫배도 차가웠는데 따뜻해졌고, 오른쪽 가슴이 답답하고 어떨 때는 숨쉬기도 힘들고 아팠었는데 이 역시 좋아졌습니다. 조금 과식하면 소화가 잘되지 않았는데 소화도 잘됩니다. 치질이 있어서 대변이 아주 가느다랗게 나왔는데 좋아졌고, 갑자기 오른쪽 발톱에 무좀이 생기면서 발바닥까지 번지더니 좋아졌습니다. 또 오른쪽 발가락 사이에 사마귀 같은 것이 있었는데 통째로 빠져 버렸습니다. 하나님께 영광을 올려드립니다.

69

지독한 우울증을 깨끗이 치유하신
하나님께 영광을 돌립니다

저는 2020년쯤 건강염려증과 가족 간의 복잡한 관계로 우울증을 겪게 되었습니다. 머릿속은 안개가 낀 것처럼 뿌옇고, 많은 것을 잊어버려서 꼭 해야 할 집안일들도 못 할 정도가 되었습니다. 세탁, 청소, 반찬 만드는 순서는 물론 음식 간도 못 봤습니다. 저는 우울증과 치매를 의심했습니다. 그렇게 지낸 몇 개월 동안 신경정신과 약도 전혀 도움이 되지 않았습니다.

그러다 유튜브에서 신목사님 말씀을 듣게 되고, 이 모든 것이 귀신들이 일으킨 질병임을 알게 되었습니다. 2021년 9월에 기도훈련을 신청하여 코치님을 통해 코칭을 받으면서, 축출기도 중 뒤통수에서 등으로 뒤쪽 다리로 발끝까지 찌릿찌릿 전기 감전을 느끼며 땀이 비 오듯 흘렀습니다. 무서웠지만 더 크게 예수 피를 외쳤습니다. 기도를 시작하니 더 큰 몸의 증상들이 나타나서 낙심이 오고 여러 번 포기할까 고민도 했습니다. 침대에서 일어나려고 하면 어떤 힘이 제 머리를 잡고 빙글빙글 돌려서 침대에 던져 버렸습니다. 또 외출할 때는 제 발바닥이 땅에서 떨어져 공중을 걷는 느낌이 들어서 넘어질까 조심조심 걸어 다녀야 했습니다. 또 왼쪽 눈동자가 진한 갈색으로 보였는데, 안과에서는 이상이 없다며 큰 병원에 가 보라고 의뢰서를 써준 일도 있었습니다.

여러 가지 귀신의 체험을 하면서 '살 만큼 살았으니 죽는 것은 괜찮은데, 40년 교회를 다녔는데 지금 죽으면 지옥 가겠구나.'라는 생각이 들면서 아찔했습니다. 그리곤 '아직 육신이 살아 있으니 하나님께 매달리자.' 이 생각으로 기도를 하는데 몸의 통증 때문에 도저히 기도를 할 수가 없었습니다. 온몸의 뼈는 쑤시고 며칠 동안 잠도 잘 수가 없었습니다. '그래도 살아 있으니 기회는 있다.' 하면서 기도했습니다. 자기부인 훈련을 하면서 그동안 내가 얼마나 모자라고 이기적인 인간인지 깨닫게 되었고, 가족들에게 피해를 주지 않으려 애를 썼습니다. 지금은 잠도 자고 통증도 줄고 오직 감사한 마음으로 하나님만 사모하며 부르고 있습니다.

70

폐결핵을 1시간 만에 없애 주신 경이로우신 하나님

아주 오래전 이야기지만, 그때 일이 어제 일처럼 선명하게 떠오릅니다. 당시 저는 대학 졸업과 임관을 앞둔 학군장교 후보생이었습니다. 학군장교는 대학 3, 4학년인 2년 동안 학업을 병행하면서 군사훈련을 받아 졸업 후 초급장교인 소위로 임관하여 병역의무를 마쳐야 합니다. 겨울이 깊어 가고 졸업과 임관이 가까워지면서 마지막 관문인 임관 신체검사를 받게 되었습니다. 그때까지 특별한 질병이 없었으며 건강했던 터라, 무난히 신체검사를 통과할 것이라고 생각했습니다.

당시 국군병원은 조치원에 있었는데, 학교 버스를 타고 학군단 동급생들과 같이 병원에 도착하여 여러 가지 신체검사를 받았습니다. 신체검사가 끝나자마자 결과를 통보해 주었습니다. 그런데 다른 학생들은 합격통보를 받아 집으로 돌아가는 버스에 올라타고 대기하고 있었는데, 저를 포함한 2명이 호출되었습니다. 군의관 사무실로 오라는 것이었는데, 혹시 잘못된 것을 아닐까 하는 두려움과 불안함이 들어왔습니다. 군의관은 저와 또 다른 동급생에게 엑스레이로 찍은 폐 사진을 보여 주었습니다. 폐 사진에서 흐릿하지만 조금 하얗게 된 부분을 지휘봉으로 가리키며 이 부분이 폐결핵을 앓았던 부분이라면서, 지금은 치유되었지만 재발 가능성이 있어 장교임관 결격사유라며 불합격이 되었다고 통보하는 것이었습니다. 그 말을 듣는 순간, 머릿속이 하얗게 되었습니다. 그동안 폐결핵을 의심할 만한 증세가 전혀 없었기에 말입니다. 군의관은 본인이 인지하지 못하더라도 자연치유가 된 것이라고 덧붙였습니다.

군의관은 실망과 좌절감에 쌓인 저를 물끄러미 지켜보다가, 군 병원이 아닌 일반병원에 가서 엑스레이 사진을 찍어서 가지고 다시 오라고 하는 것이었습니다. 당시 저는 현역군인이 아니었기 때문이기도 하고, 재차 확인해서 현실을 받아들이라는 배려의 의미이기도 하였던 것 같습니다. 그래서 저와 동급생은 시내로 가는 버스에 올라탔습니다. 조치원에서 대전 시내까지는 버스로 1시간가량 걸렸는데, 저는 버스 안에서 너무 고통스러워서 하나님을 간절히 부르며 이 문제를 해결해 달라고 간곡하게 기도했습니다. 이윽고 버스가 시내로 들어가자 두리번거리면서 영상의학과 의원을 찾았고, 시내 한복판에 제일 영상의학과 의원이라는 병원 간판이 눈에 띄었습니다. 버스에서 내려 병원에 들어가 의사에게 사정을 말씀드리고 엑스레이로 폐 사진을 찍어 달라고 부탁하였습니다. 당시는 짧은 시간이었지만 영원한 시간처럼 길게 느껴졌습니다. 이윽고 의사가 저의 폐 사진을 판독판에 걸어두고 한참을 살펴보더니 머리를 갸우뚱거리면서 아무런 이상이 없다고 말하는 것 아니겠습니까? 그 순간 저는 뛸 듯이 기뻤습니다. 하나님께서 저의 간절한 기도를 들어주신 것입니다. 고맙다며 연신 머리를 숙이면서, 다시 국군병원으로 가는 버

기도로 고질병과 불치병이 치유된 113人의 체험담

스에 올랐습니다.

군의관은 영상의학과 의원에서 찍은 폐 사진을 보더니, 저를 엑스레이 방으로 들어가서 다시 폐 사진을 찍게 했습니다. 그리고는 판독판에 걸어두고 이전 것과 비교해 보았습니다. 다시 찍은 사진에는 폐 부분에 흐릿하지만 하얀 흔적이 전혀 보이지 않았습니다. 한참을 비교해서 바라보던 군의관은 신체검사 서류에 합격도장을 찍어주고 저에게 가도 좋다고 했습니다. 당시 같이 불합격 판정을 받았던 동급생은, 결국 장교로 임관하지 못하고 하사로 군대에 가게 되었음을 나중에 알게 되었습니다.

지금이야 수많은 기적과 이적으로 고질병과 불치병을 고쳐 주시는 하나님을 경험하고 있지만, 그 당시 젊은 나이에 1시간 만에 결핵균을 깨끗하게 지워 주시는 하나님의 경이로운 능력을 체험하였고, 그 경험이 평생 하나님을 확신하며 섬기는 토대가 되었음은 두말할 나위가 없습니다.

남편의 전신마비를 막아 주신 하나님께 감사드립니다

작년 연말쯤에 퇴근 시간이 지났는데도 남편이 오지 않길래 전화를 했더니 자기가 좀 다쳤다고 하면서 금방 집에 오겠다고 했습니다. 조금 있다가 도착한 남편은 미끄러져서 넘어졌는데 목이 아프다고 좀 주물러 달라고 했습니다. 그런데 제 생각에 목을 함부로 주무르면 안 될 것 같아서 빨리 응급실에 가자고 했습니다.

응급실에 도착하여 넘어져서 목이 아프다고 하니까 검사도 하기 전에 목 보호대를 주면서 얼른 누워 있으라고 했습니다. 그러면서 의사 선생님이 "목이 아픈데 지금 움직이는 것이 얼마나 감사한 일인지 모른다."고 하셨습니다. 그때만 해도 아는 것이 없어서, 그게 무슨 말인지 잘 몰랐는데 검사가 끝나고 나서 선생님이 1mm 차이로 뼈가 신경을 건드리지 않아서 전신마비를 면했다고 하시면서, "와! 하나님이 기적을 베풀어 주셨네요!"라고 하시며 같이 기뻐해 주셨습니다. 그래도 경추뼈가 부러졌기 때문에 안정을 취하면서 잘 붙기를 기다려야 하니까 2~3개월은 입원해야 한다고 해서 입원했는데 어찌나 빠르게 좋아지는지 3주쯤 되었을 때, 주치의 선생님이 "원래 이렇게 빨리 퇴원시키는 경우가 거의 없는데 검사 상 너무 빨리 좋아져서 퇴원 안 시킬 수가 없네요."라며 "제 의사 생활 30 년 만에 이렇게 빨리 회복되는 환자분은 처음 봤어요. 정말 대단하시네 요. 존경합니다!"라고 하셨습니다. 그러면서 어쨌든 집에 가서 더 조심 하고 보조기구도 한동안 잘하고 생활해야 한다고 하셨는데, 보조기구 없 이도 일상에 빠르게 적응하며 지내게 되어서 하나님께 감사합니다.

제가 하나님 부르는 기도훈련을 했을 뿐인데 가족까지 만져 주시는 참 좋으신 하나님께 감사와 찬양을 올려 드립니다. 온 가족이 모두 하나님 을 부를 때까지 이 기도를 멈추지 않겠습니다.

목디스크, 팔저림 현상과 고혈압을 고치신 하나님

저는 오랫동안 목과 어깨가 아파 가끔씩 병원에 가서 물리치료를 받으며 지냈습니다. 통증이 심해지면서 주사 치료를 받았는데, 몇 달 후에는 팔저림 현상까지 생겨서 다른 병원을 찾았더니 목디스크라는 진단이 나왔습니다. 의사 선생님은 목디스크 수술은 위험한 수술이라고 하면서, 통증이 있을 때는 약 처방을 받고, 물리치료를 받으라고 하셨습니다.

매일 책상 앞에 앉아서 하루 종일 시험공부를 하고 있었는데, 두통 때문에 공부하기가 어렵고, 바른 자세를 유지하면서 공부하는 것이 쉽지 않아서 목을 바르게 고정하기 위하여 누워서 공부해야 하나 고민하였습니다. 또 고혈압약을 복용하고 있음에도 불구하고, 혈압이 160/100에 이를 정도로 점차 높아져서 혈압약을 바꾸어 가며 처방받아 복용하고 있었는데, 수치가 떨어지지 않았고 빈혈도 있었습니다.

그런데 영성학교에 와서 기도를 시작한 지 얼마 되지 않아서 혈압이 정상 수치로 떨어지고, 두통도 깨끗이 사라졌고, 팔저림 현상은 신기하게도 즉시로 나았습니다. 몇 달 후에 국가건강검진을 하였더니 빈혈도 정상 수치로 돌아왔으며, 특별히 빈혈약을 잘 챙겨 먹지 않아도 몇 년이 흐른 지금까지 정상입니다. 건강이 회복되었을 뿐만 아니라 높은 경쟁률의 시험까지 합격하도록 도와주서서 좋은 직장에서 근무하면서 평안한 삶을 살고 있습니다. 고칠 수 없는 질병을 깨끗하게 고쳐 주시고, 건강 때문에 직장을 그만두었던 저에게 좋은 직장을 선물로 주신 하나님께 모든 영광을 돌려드립니다.

73

코로나로 지친 영혼과 육신에 생기를 넣어 주시고, 신장 기능을 회복시키신 하나님

건강검진에서 신사구체 여과율 수치가 56으로 나왔지만 관심이 없던 중, 일주일 후 코로나에 걸렸습니다. 약을 배달로 받아 집에서 치료를 받다가 몸이 너무 지쳐서 영양주사라도 맞으려고, 코로나 환자의 입원을 허락하는 노인요양병원을 찾아갔습니다. 그 당시에는 자가격리 치료로 바뀌었고, 입원할 수 있는 곳이 드물었습니다. 노인요양병원에 도착하여 보니 이미 먼 곳에서 온 환자들로 가득 차 있었고, 새로운 자리를 만들면서 새로 들어온 환자를 입원시키고 있었습니다. 내 옆자리에 있던 분이 완쾌되어 나가니 그 자리에 고령의 어르신이 혼수상태로 입원했다가 하루 만에 운명하셨고, 그 자리에 다시 중증 환자가 들어왔습니다. 내 옆 침대에는 임종을 앞둔 환자를 위한 의료기기가 있었기 때문에 그럴 수밖에 없었습니다. 주로 요양병원에서 중태에 빠진 사람들이 들어왔고, 나날이 병원에서의 생활이 어려웠지만 정해진 날이 되기 전에는 퇴원할 수 없다고 하여 참고 있었는데, 옆자리의 환자도 결국 세상을 떠났습니다.

그날 밤, 내 침대 끝자락에 상복을 입은 두 여자가 서 있는 환상이 보였습니다. 눈을 감았다 떠 보고, 두 눈을 비벼 보아도 여전히 보였습니다. 한 여자는 내게 등을 보였고, 한 여자는 동생인데, 깜짝 놀란 표정으로 나를 바라보고 있었습니다. 상복은 옛날 삼베로 만든 거추장스러운 도포 같은 것이었고, 머리엔 삼베 천 조각 위에 새끼줄로 만든 테두리를 쓰고 있었습니다. 하나님을 아무리 불러도 냉랭했고, '아! 이제는 내 차례인가 보다!'라고 절망했고, 암담했습니다. 병원에서 2차 감염이 되어 체온은 더 올라갔습니다. 어느덧 병원에서의 힘겨운 날이 흘러 감염된 지 8일 만에 퇴원했지만 힘없고, 지친 것은 여전했으며, 영양주사는 몸에서 받지 않아 중도에 포기한 상태였습니다.

목사님께 퇴원했다고 말씀드렸더니 기도해 줄 테니 나오라고 하셨습니다. 걸을 힘도 없었는데 기도받고 돌아올 때는 힘이 나는 것 같았습니다. 주일예배 시간에 "너 하나님께 이끌리어 일평생 주만 바라면 너 어려울 때 힘주시고 언제나 지켜주시리. 주 크신 사랑 믿는 자 그 반석 위에 서리라." 찬송을 부르면서 울었습니다. 하나님께서 들려주시는 말씀 같았고 너무 감사했습니다.

그러나 그때부터 신장병과의 싸움이 시작되었습니다. 음식이 싱겁지 않으면 몸이 붓고, 칼륨이 몸에 들어가면 심장이 갑갑해서 안정제를 먹어야 했습니다. 싱겁게 먹는 것은 견딜 만했지만, 모든 음식에는 칼륨이 들어 있는데, 심장은 칼륨을 싫어하여 먹을 것이 없었습니다. 칼륨이 지나치게 많으면 심장 쇼크까지도 일으킨다고 합니다. 신사구체 여과 수치가 떨어져서 몸에 남은 칼륨을 배출시키지 못하기 때문입니다. 건강 검진 결과, 신사구체 여과 수치가 56이라 해도 관심을 두지 않았습니다. 그만큼 신장에 대해 무지했기 때문입니다. 그런데, 노인병원에서 신사 구체 여과 수치가 55이며, 1년 후에는 투석하게 될 것이라는 말을 듣고, 심각한 상태라는 것을 알게 되었습니다. 여과 수치가 59 이하로 떨어지면 식단 관리를 해야 합니다. 더 간절히 하나님을 부르며 회개했습니다. 매우 피곤하고, 체중이 줄어들고 있어도 나이가 들어서 생기는 자연적인 현상이라고 생각했습니다. 그제야 인터넷을 뒤적거리며 신장 관리를 어떻게 해야 하는지 찾기 시작했습니다.

축출기도를 받으면서 나에게 생기가 도는 것을 느끼며, 미음만 먹다가 죽을 먹을 수 있게 되었습니다. '세상에는 맛있는 음식도 많은데, 내게는 그림의 떡이요, 독이구나.'라고 생각할 때마다 눈물이 났습니다. 칼륨이 적게 들어 있는 야채를 잘게 썰어 1시간 이상 10배의 물에 담갔다가 데쳐서 먹어야 했습니다. 신장 환자를 위한 반찬이 있었지만 가격이 너무 비싸서 몇 번 먹어 보고, 포기했습니다.

몸이 붓는 증상 때문에 이듬해 4월, 신장내과를 찾아가서 검사를 받았는데, 의사 선생님은 이 정도의 붓기는 별것 아니라면서, 수치가 67로 올랐다고 알려 주셨습니다. 이것은 기적입니다. 신장이 더 악화되는 것을 막으려고 음식 조절을 하는 것이고, 수치가 15까지 떨어지면 투석을 한다고 합니다. 하나님께서 하지 않으시면 이런 일이 있을 수 없습니다. 신장은 평생에 제 역할을 다하는 것이 아닙니다. 지쳐서 쓰러지기도 합니다. 얼마나 중요하면 2개로 만드셨겠습니까? 이젠 칼륨을 처리 안 하고도 식사를 할 수 있게 되었습니다. 하나님 감사합니다. 영광받아 주옵소서!

우울증, 건망증, 치매에서 회복시킨 놀라우신
하나님을 찬양합니다

저는 83세 할머니입니다. 목포에서 남편과 조용히 지내던 어느 날, 우연히 내가 살고 있는 아파트가 남편이 먼저 돌아가시면 내가 물려받아서 살 수 없다는 것을 알게 되었습니다. 저는 이 집에서 계속 살려고 마음먹고 있었는데 충격이 컸습니다. 재혼하여 힘든 것도 참고 지금까지 살아왔는데, 내 인생이 불쌍하기도 하고 남편이 미워지고 다른 사람들도 미워지기 시작했습니다. 그러다 보니 밥도 먹기 싫어 한 달 동안 잘 먹지도 않아 살도 많이 빠지고 체력이 무척 약해졌습니다.

그랬더니 그 충격으로 여러 가지 병이 왔습니다. 몸에 열이 나서 견딜수가 없었습니다. 겨울에 냉방에서 자면서 지나간 세월을 생각하며 홀로 슬피 울었습니다. 그때는 이 모든 것이 귀신이 하는 일인 것을 전혀 몰랐습니다. 한의원에서는 저의 이러한 증상을 화병이라고 했습니다. 그래서 한약방으로, 또 다른 병원으로 다니면서 약을 써도 아무런 효과가 없었습니다.

그러던 중 남편은 당시 2년 동안 단순히 먹고 자고 하는 치매 환자였는데, 갑자기 아침마다 밖으로 뛰쳐나가서는 아파트 관리소나 여기저기 다니며 마누라가 도망갔다고 찾아달라고 하면서 돌아다녔습니다. 지금 생각해 보면 남편이 미워서 함부로 대하고 예전과 같이 잘 대해 주지 않자 저를 아내가 아닌 다른 사람으로 생각했던 것 같습니다. 급기야 또 집을 뛰쳐나간 남편을 경찰이 데려오고 보호자가 있느냐고 해서 순천에서 살고 있는 딸에게 전화했고, 딸과 사위의 도움으로 목포에서의 생활을 전부 정리하고 순천에 있는 요양원에 들어가게 되었습니다.

요양원에서 생활하는 동안에도 제 병은 점점 깊어졌고 먹는 약의 종류도 늘어났습니다. 그래서 죽고 싶다는 생각이 계속 들었습니다. 1년쯤 되어갈 무렵 딸이 저의 상태를 걱정하여 함께 살자고 하였고 이사한 집으로 가게 되었습니다. 그리고 병원에 가서 진료를 받았는데 병원에서는 심각한 우울증이라고 했습니다. 딸의 집에 온 지 얼마 되지 않아서 저는 일을 저질렀습니다. 죽으려고 요양원에서 모아두었던 수면제들을 술과 함께 먹었습니다. 그리하여 그날로 병원에 입원했고 모든 수치가 정상을 넘어 올라가 있었으며 담당하는 의사는 정신과로 가라고 했습니다. 그리고 그때부터 우울증약을 먹기 시작했습니다. 나중에는 의사가 치매 초기에서 중기로 넘어가는 단계라고 하였습니다.

그러던 중 딸과 사위가 영성학교에 다니며 기도훈련을 시작했습니다. 1달 뒤에는 저도 함께 다니게 되었고 축출기도도 받았습니다. 그렇지만 저는 축출기도를 받는 기간을 마치고 저 홀로 기도를 하는 동안에도 제 안에 귀신이 있다는 것을 한동안 인정하지 않았습니다. 그래서 어느 날

엔가 딸에게 다른 약을 써 보자고 졸랐고, 딸과 사위는 지금까지 먹어왔던 약들이 효과는 거의 없고 부작용만 심해지니 이제는 기도로 고쳐야 된다고 했습니다. 그리고 제 안에 귀신이 있음을 먼저 인정하고 예수님의 피를 의지하여 기도하라고 했습니다. 그날 밤 자려고 누웠는데 가슴에서 무슨 덩어리 같은 것이 덜렁하더니 오른쪽 어깨에선 마치 콩을 볶아대는 듯한 소리도 났습니다. 갑작스러운 일이라 당황했고 겁도 났지만, 딸이 예전에 그럴 때는 죽기 살기로 예수 피를 외치며 기도해야 한다고 말했던 것이 생각나서 악을 쓰며 기도했습니다. 그랬더니 시간이 지나자 증세가 사라졌습니다.

그 후로 그동안 음식 냄새를 못 맡았는데 후각이 회복되었는지 음식 냄새를 맡게 되었고, 배 밑에 있는 귀신들도 나갔는지 배도 홀쭉해지면서 평생을 만성 변비로 고생했는데 변비 증상마저 사라졌습니다. 그리고 그동안 머릿속이 늘 벌떼들이 윙윙거리는 것처럼 시끄럽곤 했었는데 지금은 그 증상도 없어졌습니다. 물론 우울증약도 먹지 않고 있습니다. 손에 힘이 없어서 연필도 잡지 못했는데 지금은 성경 필사도 하고 있고, 성경책과 성경동화책을 읽으면서 하루하루 감사한 마음으로 평안하게 잘 지내고 있습니다. 이 모든 것이 다 하나님의 은혜이며, 이러한 복을 받고 살아가도록 영성학교로 인도해 주신 하나님께 감사드립니다.

기도로 고질병과 불치병이 치유된 113人의 체험담

75

급성 빈혈을 치유하신 경이로우신 하나님

할렐루야! 하나님을 부르는 자를 돌보시는 크신 사랑에 감사합니다.

고등학교를 다니던 때였습니다. 학교로 헌혈차가 와서 친구들과 함께 헌혈을 하기 위해 옹기종기 모여 있었습니다. 헌혈 전 철분 수치를 검사했는데, 검사하시는 분이 제 결과를 보시더니 놀라시면서 병원에 가 보라고 하셨습니다. 수치가 너무 낮고 얼굴이 창백하다고요. 저는 대수롭지 않게 생각했지만 일단 병원에 가서 검사를 받았습니다. 당시 결과는 정상 수치가 13~14㎎/dl이라면 저는 6~8㎎/dl 정도였던 것으로 기억합니다. 의사 선생님은 입원을 권유하셨고, 집에 와서 부모님과 이야기해 보고 일단은 입원하지 않고 기도에 더 집중하기로 하였습니다. 철분약과 철분이 많이 함유된 음식 등을 먹으면서 치유의 소망을 가지고 기도했습니다.

얼마 후 다시 검사한 결과, 수치가 정상으로 돌아와 있었습니다. 눈 밑을 손가락으로 당겨서 보았을 때 철분이 부족해서 허옇게 되어 있던 안쪽 살은 다시 붉은색으로 돌아왔고, 설거지하다가 눈앞이 핑 돌아서 바닥에 쓰러지기도 했던 이전과는 달리 어지러움도 거의 느끼지 않아 생활에 전혀 지장이 없어졌습니다. 작디작은 제게도 하나님의 이름을 부를 기회를 주시고, 약함을 돌보시어 회복시키신 하나님을 찬양합니다.

악성 빈혈을 치유해 주신 하나님을 찬양합니다

기도훈련 중반쯤에 있었던 일입니다. 우리와 같이 기도하던 아이의 피부가 유난히 하얘졌습니다. 학교 다니며 농구하며 탄 피부가 겨울이니까 하얘지나 보다 했습니다. 그래서 농담처럼 "얼굴 많이 하얘졌네." 하는 말들을 하기도 했습니다. 그즈음에 아이가 불편감을 호소했던 얘기는 "엄마, 농구하는데 발바닥이 아파요. 가끔 머리가 아파요."가 전부였습니다.

어느 날 직장에 출근하여 자리에 앉기도 전에 전화가 왔습니다. 아들 (당시 고1)이 학교에서 하는 건강검진에서 빈혈이 너무나 심하게 나왔으니까 당장 입원해야 한다는 얘기였습니다. 어느 정도길래 입원하라고 하냐고 물었더니 최하 13~14mg/dl은 나와야 하는데 검사에서는 2mg/dl이 나왔다고 몸에 철분이 거의 없다고 당장 입원해서 수혈해야 한다는 것이었습니다. 순간 '어떻게 해야 하지? 입원해야 하나?' 등등의 생각이 들어왔지만 일단 알았다고 대답 후 사무실에서 기도드리고 같이 기도훈련하던 남편과 상의 후에 입원은 하지 않기로 하였습니다.

그리고 우리와 아이의 마음이 불안하지 않도록 예수 피를 더 가난한 마음으로 외치며, 먹는 철분약을 구입하고 철분 함유 음식에 조금 더 신경 쓰며 목사님의 축출기도를 1달 받았습니다. 1달 후 아이는 혈색도 다시 돌아오고 발바닥 아픈 것도 사라지고 수치도 정상으로 돌아왔습니다. 그 후로 지금까지 기도하며 건강하게 지내고 있고 지금은 성실히 군복무 중입니다. 하나님께 너무나 감사합니다.

77

우울증, 불면증, 조울증, 이명을 치료해 주신 하나님

갑자기 딸이 이상하다는 것을 알고 병원 문을 두드렸습니다. 저에게 속내를 이야기하지 않아서 몰랐던 것을 병원에 가서야 알게 되었습니다. 그동안 정신과에서 불면증, 우울증, 조울증, 이명 등의 이유로 약을 7알 정도 처방받아 복용해 왔다는 것이었습니다. 앞이 캄캄하고 하늘이 노래졌습니다. 기도훈련 시작할 때 배웠던 하나님의 이름을 부르고 예수 피를 외치는 것이 생각나서, 계속 입으로 예수 피, 하나님을 반복하여 중얼거리며 힘 주세요, 지혜 주세요 하면서 의사 선생님의 말씀을 듣는 게 전부였습니다. 병원을 나와 한의원으로 향했습니다. 거기서 들은 말이, 맥이 잡히질 않아서 할 수 있는 게 없다는 것이었습니다. 심리상담을 받으면서, 저는 계속 하나님의 이름을 부르고 예수 피를 외쳤습니다. 1달이 지나자 딸의 얼굴색이 정상적으로 돌아왔습니다. 그 후에 다시 한의원에 갔는데 맥이 잡히게 되어 약을 1재 지어와 딸에게 먹이면서도 저의 기도는 쉼 없이 계속되었습니다. 다시 1달이 지나 병원을 찾았더니 의사 선생님이 무슨 일이 있었냐고 저에게 물으시면서 딸의 상태가 좋아져서 더 이상 약을 안 먹어도 된다고 하셨습니다. 그러면서 기적이라고, 정신병은 쉽게 고쳐지는 게 아닌데, 말도 안 된다고 하시며 고개를 갸우뚱하셨습니다. 그 후로 딸은 3년이 지난 지금까지 아무 문제 없이 직장에 잘 다니고 있습니다. 예수 피 기도, 하나님의 이름을 부르는 기도를 한 것밖에 없는데, 딸의 정신병을 치료해 주신 하나님! 정말 감사합니다.

허리 통증과 역류성 식도염, 사마귀도 없애 주신 고마우신 하나님

영성학교는 어느 교회와 다르게, 좌식의자에 앉아서 기도하기 때문에 허리가 좋지 않은 나에게는 곤혹이었습니다. 15분 정도 앉아서 기도를 하면 그때부터 허리에 통증이 와서 기도에 집중이 되지 않았습니다. 그래서 기도훈련 초기에는 일반 의자에 앉아서 기도를 하곤 했었습니다. 그런데 코치님께서 허리 통증 신경 쓰지 말고 기도에만 집중하라고 하셔서, 힘들어도 통증에 신경 쓰지 않고 안간힘을 다해 기도했습니다. 그렇게 두어 달 정도 기도하다 보니 어느 사이엔가 1~2시간 앉아서 기도하는데, 통증을 느낄 수 없게 되었고 기도하는 데 집중력이 생기게 되었습니다. 지금은 오랜 시간 기도해도 통증은 거의 없는 것 같습니다.

그리고 오래전부터 역류성 식도염이 있어서 늘 배가 더부룩하고 소화가 잘되지 않아 밀가루, 튀긴 음식들은 피했는데, 기도하면서 요즘은 그동안 피했던 음식들을 먹어도 소화가 전보다 잘되어 잘 먹고 있는 편입니다. 또 기도하면서 몸에 난 사마귀가 떨어지고, 얼마 전에는 두피에 난 사마귀가 온데간데없이 사라져 버려 깜짝 놀라기도 했습니다.

기도훈련을 하며 건강에 문제가 있던 곳이 해결되어 감을 경험하면서, 영성학교에서 가르치는 기도가 하나님과 가까워지는 기도임을 깨닫게 되었습니다. 앞으로 더욱 기도에 매진하여 성령님과 동행하는 삶이 되기를 간절히 바라며, 더욱더 힘써 기도할 것을 결심합니다.

기도로 고질병과 불치병이 치유된 113人의 체험담

79

인생 말년의 공황장애를 기도훈련으로 승리

저에게는 질병 후유증이 있어 기도훈련이 쉽지 않았습니다. 그런데 영성학교 기도훈련을 신청하고 매일 아침과 저녁으로 기도를 하기 시작해서 2달 정도 경과되었을 때, 나도 모르게 불면증이 치유되었습니다. 옆에서 자던 아내가 제가 오랜만에 숙면하는 것을 보고 놀라 이야기를 해 주면서, 기도훈련에 대한 신뢰감이 생겼고, 더 열심히 기도훈련에 임하는 계기가 되었습니다. 또한 불신자가 잠들기 전에 예수 피를 10번만하고 잠들어도 꿈에 늘 나타나서 괴롭히던 귀신이 나타나지 않는다는 간증을 듣고 이를 저뿐만 아니라 불신자인 아버지에게 알려주고 실천하면서 실제 효과를 보았고, 이를 통해 믿음도 더욱 자라게 되었습니다.

아울러 제가 심근경색과 뇌출혈로 2번 쓰러져서 종합병원 중환자실에 들어갔다가 나온 이후, 매일 해만 지면 두려움과 공포심을 주는 악한 영의 공격(의료용어로 공황장애)을 수시로 받았습니다. 예전에 교회에서 들은 것과 성경에서 읽은 대로 예수 이름을 수없이 외치면서 귀신을 물리쳤지만 전혀 효력이 없었고, 10여 개월 동안 매일 일방적으로 언어맞았습니다.

　그런데, 기도훈련을 받으면서 악한 영이 두려움, 불안감으로 마음과 생각을 공격했습니다. 주로 야밤에 혼자 취침할 때 문 두드리는 소리, 즉 환청으로 공격이 들어오면, 영성학교에서 배운 대로 예수 피로 물리쳤을 때 처음에는 방어가 잘 안돼 조금 시간이 필요했지만, 그래도 예전처럼 전혀 효력이 없는 것이 아니어서 안심이 되었습니다. 내공이 쌓이기 전인 2년 정도는 교착상태였지만 2년이 지난 후부터는 훨씬 수월하게 예수 피로 이기고, 공격도 마음은 건드리지 못하고 방심한 틈을 타서 생각으로만 공격이 들어오는 상태가 되었습니다. 이제 표면적인 공격은 거의 끊어졌고, 다만 기도할 때마다 물리적으로 머리를 짓누르는 공격만 남았습니다. 훈련기간 2년 후반기에 들어선 지금은 오히려 제가 축출 기도로 모든 공격을 밀어낼 수 있게 되었습니다.

　예전에는 신앙생활을 하면서도 귀신의 '귀' 자만 들어도 두려워하던 제가 기도훈련을 받고 내공이 점차 쌓이면서, 그전부터 가졌던 모든 두려움이 전부 사라져 공황장애를 극복하게 되었습니다. 이제는 하루빨리 기도의 강을 건너서 성령의 사람이 되어 가족구원은 물론이고 무지와 미혹 가운데 지옥으로 끌려가는 이웃들의 영혼구원과 가족 단위 구원을 시키는 일당백 기도의 정예용사가 되기 위해 열심히 달려가는, 매일 기도 자리에 앉으면 언제나 행복한 기도자가 되어가고 있습니다.

　　　　　기도로 고질병과 불치병이 치유된 113人의 체험담

국민 저질체력이었던 저를 건강체질로
바꾸어 주신 하나님

저는 어릴 때부터 몸이 약했습니다. 식욕이 별로 없었고, 힘이 없고 예민한 성격이었습니다. 초등학교 2학년 때 처음 쇼크가 와서 쓰러졌고 이후로도 한 번씩 쇼크로 쓰러졌습니다. 혹시 계단에서나 위험한 장소에서 쓰러지지 않으려고 어지러워지면 최대한 빨리 머리를 낮추고 앉아서 기대어 있었습니다. 또 감기도 잘 걸렸고, 감기에 걸리면 근육통이 항상 동반되어 한참을 앓은 후에 나아지곤 했습니다. 저는 학창 시절에 제일 싫은 날이 소풍과 운동회 날이었습니다. 또 중학교 체육 시간에는 선생님께서 컨디션이 안 좋으면 언제든지 앉아 있으라고 하셨고 수업에 참여하지 않은 날도 많았습니다.

성인이 되어서는 어렸을 때보다 나아지기는 했지만, 여전히 체력이 약해서 계단을 조금만 올라가도 숨이 차고, 하루 외출하면 다음 날은 집에서 쉬어야 회복이 되었습니다. 영성학교는 먼저 다니시던 어머니와 동생이 건강해지는 걸 보고 저희 부부도 다니게 되었습니다. 남편이 제가 짜증을 잘 내고 걱정이 많아서 자녀에게 좋지 않은 영향을 주는 부분을 해결하고 싶어, 저를 데리고 다니게 되었습니다. 그런데 기도하다 보니 기대하지도 않았던 건강도 좋아졌습니다.

기도를 시작하면서 마음이 편해지고 걱정이 줄어들었고, 계속 기도하다 보니 짜증이 어느덧 없어졌습니다. 지금은 체력도 많이 좋아졌고 감기도 거의 안 걸리고, 쇼크는 없어진 지 오래되었습니다. 활동반경도 넓어지고 서울에서 충주도 운전해서 하루에 왕복할 수 있게 되었습니다. 등산도 적당한 곳은 힘들지 않고 하게 되었고, 소화력도 좋아져서 예전에 못 먹던 것들도 즐겁게 먹고, 여행도 힘들고 피곤해서 싫어했는데 지금은 많이 좋아졌습니다. 현재 40대 중반인데 지금이 가장 건강하고 머리도 가장 좋은 상태인 것 같습니다.

하나님을 부르는 기도를 하면서 하나님에 대한 생각과 마음도 바뀌었습니다. 모태신앙이었으나 교회에 습관적으로 다니며 하나님께 관심이 없었는데, 이제는 기도하며 하나님과 더 가까워지고 영적인 세계에 대해 배우고 경험하게 되었습니다. 저같이 어리석고 부족한 죄인을 부르셔서 기도를 배우게 하시고 사랑해 주시고 사용하여 주시는 하나님께 감사드립니다.

81

20년 된 간질성 방광염을 치유해 주신 하나님

　안녕하세요. 저는 중국 교포입니다. 2003년 6월 어느 날 밤, 잠자리에 누웠는데 아랫배가 아파 밤새 잠을 자지 못했습니다. 이러다 괜찮아지겠지 했는데, 몇 달이 지나도 여전하고 자주 화장실 가고 소변이 잘 나오지 않아 병원에 가서 치료받았지만 치료되지 않아서, 전주 예수병원을 6개월(1달에 1번씩) 다니며 치료받았는데 조금도 호전되지 않아 병원 치료를 포기하고, 좋다는 민간요법을 다 해 보았지만 아무 소용이 없었습니다.

　그때 체류 기한이 차서 중국에 들어가 천진에서 이 병원 저 병원 찾아다니며 치료받고 입원 치료도 많이 했습니다. 세 번째로 갔던 병원에서 간질성 방광염 진단을 받고 약을 처방받아 먹었는데 부작용만 생겼습니다. 중국 천진에서 네 번째 소개받고 간 병원은 거리가 멀어 병원 가까운 곳에 방을 얻어 휠체어를 타고 다니며 치료를 받았습니다.

　연이어 중국의 대도시인 길림, 장춘, 북경, 심양으로 도시를 옮겨 다니며 검사받고 치료받기를 반복하며 입원 치료까지 할 수 있는 것은 죄다 했습니다. 그런데 치료되기는커녕 점점 더 악화되어서 일상생활이 어려웠고, 2012년도부터는 집안에서도 휠체어를 타고 살아야 하는 신세가 되었습니다. 방광에 통증이 오면 아랫배, 항문, 자궁에 함께 통증이 와서 걸을 수가 없었습니다. 통증이 심할 때는 침대에 앉거나 누워 있지도 못해서, 요강에 앉아 침대를 베개 삼아 이마를 대고 3분, 5분, 10분에 소변을 한 방울씩 떨구며 밤을 새웠습니다.

그때 한국에 있는 한의원을 소개받고 2013년 10월 10일 한국행 비행기 표를 사서 비행기 타러 들어가는 곳까지 아들이 서비스를 받아 휠체어로 비행기 안까지 도착해서, 역시 휠체어를 타고 나가 딸이 마중 온 차를 타고 들어갔습니다. 이튿날 소개받은 한의원을 찾아가서 6~7개월 치료해도 호전되지 않아 삼성서울병원으로 옮겨서 검진을 받았는데 역시 간질성 방광염이었고, 그게 어떤 병이냐고 물었더니 방광이 수축되고 굳어져 기능을 잃어버린 상태라고 했습니다. 제 방광은 4분의 1로 수축되고 굳어지고 방광 내벽이 궤양으로 다 헐어 있다고 했습니다. 입원해서 레이저 치료받고 4일 만에 퇴원하고, 약 2개월 후에 다시 통증이 오고 내시경 후 약을 처방받아 먹었는데, 약 부작용으로 위궤양, 만성 위염, 소화불량, 가려움증, 불면증 등으로 고통이 더 심해졌습니다.

그럴 때 딸의 친구 소개로 모 회사의 건강식품을 약 1년간 복용하면서 방광 통증이 많이 호전되고 화장실 가는 횟수도 많이 줄어 일상생활에는 큰 어려움이 없지만, 몸이 피곤하거나, 차가운 자리에 앉았거나, 발이 시리거나, 차가운 바닥을 딛고 서 있으면 통증도 오고 소변 횟수도 많아졌습니다. 그러다가 유튜브 동영상에서 영성학교를 알게 되었고 죽기 전에 천국에 가려면 기도훈련을 받아야 한다는 생각이 들어서 기도훈련을 신청하고 시작하게 되었습니다. 그러나 영성학교를 다니기 위해 1시간 이상 버스를 타는 것은 불안함과 불편함이 너무 많았습니다.

처음 반년 이상 팬티 기저귀를 입고 다니면서도 실수한 적이 많았는데, 한번은 겉옷까지 젖어서 갈아입을 곳도 없고 정말 난감했습니다. 주위를 살피다 버려진 종이 2장을 주워 여러 번 접어 의자 위에 놓고 앉아 오기도 했습니다. 이렇게 속옷이 젖은 채로 다니는 것은 흔한 일이 되어 버렸습니다. 집에 갈 때도 동서울터미널 화장실에 들어가 옷을 갈아입고 간 적도 여러 번이었습니다.

영성학교에 와서 성령내주 기도훈련을 받으면서 1년 2개월이 되면서부터, 그 지긋지긋한 20년 된 간질성 방광염을 하나님이 치유해 주셨습니다. 지금까지 통증 없이, 불안함과 불편함 없이 영성학교를 다닐 수 있게 되어 너무도 감사합니다. 할렐루야! 하나님, 감사합니다.

극심한 정신분열증상과 원인을 알 수 없는
무릎 통증에서 해방시켜 주신 하나님

저는 지인의 소개로 2023년 9월 첫 주에 영성학교를 찾아왔습니다. 당시 저는 영성학교가 어떤 곳인지, 무엇을 하는 곳이지 아무런 정보도 없는 상태였습니다. 그런데 이상하게도 영성학교에 가는 날짜를 정해 놓으니, 귀신들의 공격이 너무나 거칠 뿐 아니라 가지 못하도록 필사적으로 막았습니다. 이틀을 자지도 먹지도 못하게 하고, 환경적으로 육체적으로 몸과 정신을 피폐한 상태로 만들었기에, 혼자서는 영성학교에 찾아가지 못할 정도로 체력과 정신력이 약해졌습니다. 영성학교에 가는 날 아침에는 옷도 갈아입을 정신이 없어서, 집에서 입던 옷 그대로 입고 친정엄마의 도움으로 겨우 영성학교에 도착했습니다.

9월 첫째 주, 영성학교에서의 기도훈련 시작과 함께 목사님의 축출기도를 받고 난 뒤, 정신이 좀 맑아졌고 걸음걸이도 가벼워져서 집에 혼자서 기차를 타고 갈 수 있었습니다. 그런데 막상 집에 가서는 귀신들의 공격이 더더욱 거칠어져 말하는 것도 힘들었고, 텔레비전의 자막을 읽으면 자막 내용이 똑같이 메아리치고, 귀에서는 여러 소리의 귀신들의 영음이 저를 괴롭혔습니다. 밥 먹는 시간에도 온갖 잡생각으로 가득 차서 온전한 정신이 아니었기에 밥 먹는 시간도 힘들었고, 잠을 자는 것은 더더욱 힘들었습니다. 잠을 잘 수 없을 만큼 귀신들의 말소리로 정신이 혼미했으며, 귓가에는 환청이 들려서 이루 말할 수 없는 고통의 시간이었습니다. 하지만 영성학교에서 배운 대로 순간순간 예수 피를 외치고, '하나님 도와주세요.'라고 간절히 기도하며 하루하루를 보냈습니다. 귀신들의 공격은 하루에 몇 번씩 바뀔 때도 있었고, 매우 다양한 방법으로 공격을 해 왔습니다.

9월 둘째 주, 축출기도를 받으니 숨을 쉬는 것이 힘들어지는 증상이 나타났습니다. 사모님과 수석코치님께서 앞뒤로 저에게 손을 대고 기도해 주시니 숨 못 쉬는 증상은 금방 사라졌지만, 갑자기 비명을 지르는 저 자신을 볼 수 있었습니다. 순간 당황스럽고 부끄러워 어쩔 줄 몰랐지만, 그것 역시 기도를 못 하게 하는 귀신들의 방해라는 것을 깨달아서 더욱 기도하니, 비명 지르는 증상은 셋째 주부터 없어졌습니다. 그리고 선명하게 들리던 귀신들의 영음도 들리지 않았습니다. 눈도 조금씩 선명해지고 정신도 조금씩 맑아졌으나 운전할 정도로 맑은 정신은 아직 아니었습니다. 텔레비전이나 핸드폰의 뉴스도 보기 힘들어서 자막이나 글씨를 읽으면, 머릿속으로 그 글씨가 메아리치듯 저를 괴롭혔습니다. 물론 책 읽는 것도 힘든 상태였습니다. 간신히 성경책을 읽으려면 쏟아지는 잠과의 사투를 벌어야 했고, 기도하려면 잠도 오지만 팔과 다리는 큰 바위가 저를 짓누르듯이 아팠고, 팔은 누가 잡아당기듯 움직이기 힘들었습니다. 성대를 귀신들이 잡고 있어서 목소리는 잘 안 나오고, 기도하면 아기 목소리, 남자 목소리, 할아버지 목소리 같은 이상한 목소리가 나왔습니다. 찬송가를 부르려고 하면 목소리가 갈라지고 변성기를 시작한 남학생처럼 아주 이상한 목소리로 변하곤 하였습니다. 그래도 기도를 멈출 수가 없었습니다. '어떠한 방해를 하더라도 나는 기도한다.'라고 마음을 먹고, 항상 하나님을 생각하며 기도하고 찬송하며 그렇게 9월 한 달이 지났습니다.

사실 기도하지 않으면 견딜 수 없을 정도로 정신이 혼미하고, 말도 어눌하고, 머리로 생각하는 일은 전혀 할 수가 없는 상태였지만, 10월 둘째 주부터는 일을 다시 할 수 있었고, 운전도 다시 할 수 있었습니다. 물론 정상적인 상태는 아니었지만, 사람들과 대화하며 운전을 하고 일도 할 수 있는 상태로 호전되었습니다. 그러자 귀신들은 몸을 아프게 하는 공격으로 패턴을 바꾸었습니다. 하루아침에 온몸이 몸살 난 듯 쑤시고 열나고, 목소리는 안 나오고, 가래가 목과 기관지를 막고 있어서 힘들었습니다. 너무 아프지만 기도하면 막힌 코가 뚫리고, 잠긴 목에서 목소리가 나온다는 것을 느꼈습니다. 귀신들이 가져온 병은 일반 약이 그다지 도움이 되지 않고, 기도만이 답이란 걸 느꼈습니다. 기도 시간이 중요하지만, 더 중요한 것은 하나님에 대한 믿음과 하나님의 은혜에 대한 감사, 하나님의 도움을 구하는 진실된 마음이란 것도 깨달았습니다. 이때부터 매일 먹던 수면제도 자연스럽게 먹지 않게 되었습니다. 그리고 하나님께서 살아 계시다는 사실도 시간이 지날수록 더 느끼게 되었습니다.

하나님은 날 도우시며, 지켜보고 계시고, 늘 함께하신다는 믿음으로 하루하루 지내면서 점차 몸은 정상적으로 돌아왔고, 정신도 맑아지고,

기도로 고질병과 불치병이 치유된 113人의 체험담

마음도 평안해지게 되었습니다. 매주 영성학교에 올 때마다 조금씩 더 좋아지는 것을 몸으로 느꼈습니다. 시편 23장 말씀을 되새기며 하나님은 항상 저를 인도하시고 지켜주신다고 생각하는 저를 볼 수 있었습니다.

사실 저는 교회에 다닌 지 이제 겨우 4달째입니다. 하나님께서는 불신자인 제가 하나님이 살아 계신다는 사실을 체험을 통해 알게 하시고, 귀신들의 다양한 공격을 체험하게 해 주셨습니다. 그리고 기도의 자리로 이끌어 주시고, 마음의 평안을 주시며, 선한 길로 저를 인도해 주셨습니다. 이제는 귀신들의 공격에 당당히 맞서 싸우는 저 자신을 발견하게 되었고, 그렇게 하루하루 영적으로 성장하고 있습니다.

교회 다니기 전에 원인 없이 아픈 무릎 통증은 교회에 다니며 자연스럽게 없어졌습니다. 병원에서는 염증, 무릎연골연화증 등의 병명을 말하였습니다. 신경외과, 정형외과, 한의원 등등 돌아다녔지만, 저는 계단 몇 칸을 올라갈 수 없을 정도로 아팠고, 승용차에서 내리는 것도 힘들었습니다. 아직 젊은 나이에 무릎연골주사, DNA 주사 등 현대의학적으로 수술 빼고는 온갖 치료로도 호전되지 않았던 무릎이 치유되어, 지금은 산에도 다시 다닐 수 있게 되었습니다.

오늘도 저는 이렇게 기도하며 하루를 시작합니다. 하나님, 나의 하나님이여! 나의 반석이시며, 구세주이시고, 나의 방패이신 나의 하나님이여! 제가 하나님을 사랑하며 의지합니다. 늘 저와 함께 하소서.

83

두통, 민감성 대장증후군, 햇빛 알레르기, 축농증,
무기력증, 대인기피증 등의 가족 질환을
치유해 주신 하나님

저는 귀신들이 가장 들어오기 좋아하는 결손가정에서 자랐습니다. 무책임하고 자기중심적이었으며 마음을 잘 열지 못하였고, 쉽게 부정적인 감정을 받아들이며 쉽게 분노하였습니다. 잘못된 교육관으로 자녀를 위협하고 매도 많이 대었습니다. 아내가 아이를 영적으로, 교육적으로 바르게 훈련시키고자 하는 모습을 내 중심적으로 판단하여 '아내가 아이를 너무 힘들게 하는 게 아닌가?'라는 귀신의 생각을 받아들였습니다. 또한 '너는 어릴 때 부모에게 버림받아 따뜻하게 대우받지 못했어. 하나님이 그렇게 만들었어.'라는 귀신의 생각을 받아들여 마음 깊은 곳에서 하나님께 원망과 불평의 화살을 쏘면서 아이 훈련을 방해하고 가정을 깨뜨리는 주범이었습니다.

육체적으로도 많은 문제들이 있었는데, 수시로 뇌압이 높아지면서 머릿속에 높은 압박감을 많이 느꼈습니다. 또 매운 음식이나 조금 자극적인 음식을 먹으면 소화불량이었고, 얼마나 자주 화장실을 드나들었는지 지금 와서 보면 민감성 대장증후군이었던 것 같습니다. 두통도 잦았고 저희 아버지가 폐결핵을 앓았고 동생도 폐결핵을 앓았는데 저도 폐 관련 기관지 상태가 좋지 않았습니다. 그리고 햇빛 속에서 땀 흘리는 활동을 하면 간지러워 화상 자국같이 부풀어 오르는 햇빛 알레르기, 비염 등 여러 가지 질환이 있었습니다. 뇌압으로 인한 머리가 무거운 두통과 햇빛 알레르기, 민감성 대장증후군은 없어졌습니다. 할렐루야! 나머지는 나아지고 있습니다. 그리고 농구중독과 게임중독도 있었는데(둘 다 몇 시간은 기본) 모두 없어졌습니다.

2015년 연말쯤에 아내를 따라 영성학교의 성령내주 기도훈련을 시작하면서 저의 부족한 인격을 엄청나게 깨닫기 시작하면서 마음이 깨지기 시작했습니다. 저는 무책임하여 자주 회사를 그만두고 압박감을 견디지 못하여 아내를 설득해 회사를 그만두기 일쑤였습니다. 그러니 가족 전체가 경제적인 어려움에 처하는 게 당연했습니다. 그러나 하나님을 부르는 기도를 하는 중에 나의 비참한 과거를 떠오르게 하여 하나님을 원망하고 지금의 상황을 불평하게 하는 귀신들의 공격을 인지하였습니다. '우리 하나님이 언제 그랬어? 우리 하나님은 그런 하나님이 아니야. 하나님은 이미 2,000년 전에 나를 사랑하셔서 예수님을 보내 주셨어. 나를 비참하게 만든 건 귀신들이야.'라는 작은 믿음을 가지고 예수 피로 싸우기 시작하며 그 어린 시절부터 하나님을 원망하며 불평한 죄들, 이미 나를 위해 십자가에서 예수 보혈을 흘려주신 것을 믿지 않고 귀신들의 속삭임을 인지하지 못하고 받아들여 믿음을 빼앗기며 늘 부정적이고 자기중심적으로 살아왔던 죄를 회개하며 성령의 내주하심을 기도하였습니다.

회사에서는, 하나님이 나와 함께하신다는 믿음을 주셔서 틈틈이 하나님을 부르며 의지하게 하셨습니다. 동료 관계에서도 부족한 인격을 직면하여 나의 부족함을 채워 나가는 기회를 만들어 주셔서, 자기중심적으로 판단하지 않고 적극적으로 의견을 받아들이게 되었습니다. 경제적인 어려움이 해결된 것은 물론이고요. 할렐루야!

신체적으로도 많은 변화가 있었습니다. 아내는 저를 처음 만났던 25살 때의 모습보다 44살이 된 지금의 모습이 더 멋지다고 합니다. 위장이 너무 편해지고 소화는 또 어찌나 잘되는지 늘 목사님께 '왕빨판'이라는 농담을 들으며, 온 가족이 영성학교 식사 시간을 항상 최대로 애용하고 있습니다. 먹는 만큼 축출기도 또한 혹독하게 합니다.

비염은 수술을 해 볼까 많이 고민했지만 지금은 적절히 관리하며 불편 없는 상태가 되었습니다. 전반적으로 건강 문제는 하나님께서 해결해 주셔서 저의 주된 관심 밖의 일이 되었습니다. 지금은 하나님의 나라와 뜻을 따라 영성학교 막바지 담금질 훈련을 통해 기도의 정예용사가 되어 순종의 제물이 되는 것이 저의 주된 관심이 되었습니다.

제 아내는 라텍스 알레르기, 한 번 시작되면 1시간 뒤에 멈추는 기침, 한 달에 1번 24시간 동안 찾아오는 뇌가 찌부러지는 듯한 원인 불명의 두통, 축농증 증상, 무기력증이 있었는데 모두 사라졌고, 잠도 잘 자고 있답니다.

저희 아이는 3~4살 때부터 벽 보고 다니는 증상이 있었고, 다른 사람과 눈을 마주치지 못하여 외면하고, 가만히 있다가 갑자기 부르르 떠는

기도로 고질병과 불치병이 치유된 113人의 체험담

증상이 있었습니다. 또 알 수 없는 소리를 반복했고 밥 한 숟가락을 1시간 동안 먹어서, 아침 다 먹이고 양치하면 점심, 점심 먹이고 양치하면 저녁 준비하는 걸로 하루를 다 보냈었습니다. 또 과자를 많이 먹으면 간지러워서 긁어대니 "과자 많이 먹으면 두드러기 생겨."라고 입버릇처럼 말하곤 했습니다. 그리고 신목사님의 사진을 보여 주면 큰 소리로 울었습니다.

기도훈련을 시키자, 벽 보고 다니는 증상이 즉각 사라졌습니다. 다른 사람 눈도 쳐다보게 되었고, 떠는 증상과 소리 반복 증상도 없어졌습니다. 채소, 고기 가리지 않고 밥을 골고루 매우 잘 먹게 되었고 피부 알레르기도 사라졌습니다. 그리고 무엇보다 목사님 얼굴이 잘생겼다고 합니다. 그저 할렐루야 할 수밖에 없는 성령이 내주하는 놀라운 기도로 불러 주신 하나님께 감사와 찬송과 영광을 올려드립니다.

84

평생 악령에 사로잡혀 혼미함과 학습능력 저하, 정신능력 저하에 시달리던 자매 이야기

제가 어렸을 때는, 엄마가 한글 기초를 가르쳐 준 후 스스로 책을 보고 테이프를 들으며 한글을 뗄 정도로 야무지고 똑똑했던 것 같습니다. 늘 적극적이었고, 관찰력도 좋았고, 호기심도 많았고, 기억력이 좋고, 원리를 파악해서 무엇이든지 빨리 배웠습니다. 그러나 아주 어렸을 때부터 엄마 아빠가 싸웠을 때, 집안이 어두울 때 들어온 슬픔과 무기력, 공포와 좌절과 낙심, 쉽게 절망하는 것, 소망 없음이 삶의 바탕이 되었습니다. 어두운 집안 환경에서 늘 눈치를 보며, 나름대로 부모님을 배려하며, 애어른처럼 의사와 감정을 잘 표현하지 못하는 아이로 자랐습니다. 아주 어렸을 때부터(적어도 3살) 늘 느꼈던 생각과 느낌을 지금 생각해 보면, 결국 악한 영이 주는 생각과 느낌이었다는 생각이 듭니다. 어렸을 때부터 아빠에게 질문을 하면 주로 쓸데없는 생각 하지 말고 공부나 열심히 해라, 혹은 버르장머리가 없다는 말로 혼이 났는데, 자연스럽게 생각이 제한되었고, 입체적이고, 건설적인 대화 같은 타인과의 상호작용 기회도 부족한 상황과 맞물려 억압적이고, 두려움이 많은 아이로 자랐습니다. 어렸을 때 동네에서 친구들과 잘 놀기도 했으나, 여행이나 체험학습, 견학 등 직접적인 경험이 별로 없이 책만 많이 읽었습니다. 물론 어렸을 때 책을 많이 읽은 것은, 기본적인 문법과, 맞춤법, 문장력, 어휘력, 이해력, 논리력 등 학습 능력발달에 지대한 영향을 끼쳤고, 머리가 아주 나빠진 때도 어느 정도, 지금까지도 도움이 된 것은 사실이지만, 책의 세계 너머의 경험과 소근육 등 감각기관의 경험과 이해력의 발달이 부족했습니다.

비록 악한 영의 영향력은 있었지만 초등학교 4학년 때까지는 교우 관계도 좋고, 수업 시간에도 선생님이 발표 기회를 주실 때마다 난처해하실 정도로 매번 손을 들었을 만큼, 매우 적극적이고 활발했습니다. 그런데 5학년 때 원치 않던 전학을 가고, 부모님이 학원 사업을 시작하면서 환경이 많이 바뀌고, 점점 집안이 기울어지기 시작해 어두워지고 예민해졌고, 그와 맞물려 사고력, 독해력이 한 해가 다르게 나빠졌고 조울증, 불안장애, 학습장애, 무기력증도 더 심해졌습니다. 초등학교 저학년까지 충분히 자고, 아침에는 늘 상쾌한 기분으로 일어났는데, 초등학교 5학년 때부터 아침에 일어나면 불쾌한 기분과 눌린 느낌, 몽롱한 느낌으로 일어나기가 힘들었고, 잠에서 깨는 것도 시간이 오래 걸렸습니다. 어렸을 때부터 책과 신문 읽는 것을 좋아했는데, 중학교 가서는 시험에 대한 불안함과 조급함, 무기력과 사고력 저하가 더 심해져 책을 읽으려고 해도 금방 흥미를 잃고, 읽어도 잘 이해가 안 되기 시작했습니다. 하지만 공부가 잘될 때도 꽤 있었기 때문에, 잘될 때는 독서실에서 새벽 2~3시까지 열심히 공부를 했습니다. 주입식 교육의 폐해로, 잘 외우기만 해도 어느 정도 성적이 나왔기 때문에, 비판적 사고력과 문해력을 키우는 것이 아니라, 무조건 외우는 기계가 되어갔습니다. 집안 형편은 한참 예민하던 중학교 사춘기 시절 가장 나빠서, 혼자서 많은 시간을 보냈고, 자아성찰을 하며 자기를 돌아보며 발전을 도모하기도 했으나, 날마다 부정적인 생각과 감정을 쌓아갔습니다. 그렇게 중학교 3학년 때까지는 어찌어찌 공부를 했습니다. 지금도 기억나는 것은, 중학교 3학년 겨울방학 때 공부를 하는데, 나도 모르게 멍을 때리고, 잡생각에 빠져들어 한참 시간이 지난 다음에야, '내가 왜 이러지?' 하며 인지가 되었습니다. 고등학교에 들어가서는 여전히 열심히 공부하려고 했으나, 늘 감정적으로 피곤하고, 두렵고 공포스럽고, 공부해야 할 양에 압도되어 마음이 산만해서, 정보를 처리하기 귀찮아 그냥 눈으로 쓱쓱 훑을 때도 많았습니다. 무엇보다 머릿속으로 들어오지 않았습니다. 문장들이 이해되지 않아 글을 읽을 때, 늘 '이게 뭐지? 예전에는 됐는데, 이제는 왜 안 되지?' 하는 공포와 의심, 두려움과 자괴감이 들었습니다. 수업 시간에 책을 읽어도 이해가 잘되지 않거나, 내용 파악이 틀릴 때가 많아서 선생님이 요약해 주신 내용을 늘 옆에 적었습니다. 머리는 느려지고 귀찮아졌는데, 어떻게든 그것을 극복하려고 늘 애썼습니다. 다이어리를 쓰면서, 자기계발서를 읽으면서 동기부여를 하고, 버스에서든 어디서든 공부한 내용을 떠올리려고 했습니다. 고등학교 때 예배 사회를 보는데, 말씀을 소리 내서 읽어도 하나도 이해가 되지 않았습니다. 그래서 소리 내어 공부하라는 방법은 내게 효과가 없었습니다. 글을 읽으면 불쾌하고 공포스러운 소리로 들리고, 문장의 상황과 배경이 이해되지 않고, 주입식으로 받아들여졌습니다. 무언가를 읽으면 사고력이 마비되어 의미가 확장이 되지 않았습니다. 비판적인 사고를 할 수 없었습니다. 그래서 매 순간 자괴감과 두려움과 공포에 질려 있었습니다. 나에게 공포와 긴장감을 주는 방식으로 머리를 깨워 보려고도 했는데, 당연하게도 잘 안되고, 또 그것은 본질적으로 부정적인 생각과 감정, 즉 죄와 악한 영을 붙들고 의지하는 것이기 때문에 그런 방식 자체로 부작용이 있었습니다. 부정적인 생각과 감정을 오히려 키워 가기만 하는 것이었습니다. 이처럼 고등학교 때는 나를 학대하듯 공부를 했습니다. 부정적인 감정과 생각은 누르고, 무시하고, 공부하기가 두렵고 싫었지만 어떻게든 책상에 나를 앉혔습니다. 선생님의 말씀은 맥락과 상관없이 무조건 받아적었습니다. 나도 모르게 멍때릴 때가 많고, 즉각적인 이해가 잘되지 않아 인터넷 강의 학습을 선호했습니다. 왜냐면 내용을 놓쳐도 다시 그 지점으로 돌아가서 여러 번 학습할 수 있기 때문이었습니다. 이해가 되지 않아도 여러 번 같은 강의를 들으면 이해되기도 했습니다. 사회탐구 과목의 경우, 모의고사가 끝나면, 인터넷 강의 사이트에서 무료로 해설강의가 제공되는데, 사탐 과목마다 20문항의 오지선다 문제에서 정답은 왜 정답이고, 오답은 왜 오답인지, 모의고사 시험지 가득 20~30분짜리 수업을 2~3시간에 걸쳐 받아적는 것이었습니다. 스스로에 대한 기대가 높은데, 잘하지 못하는 나를 받아들이지 못하고, 쉬지 못하는 벌로 다스렸습니다. 그래도 공부를 놓을 수는 없었습니다. 집안과 나 스스로의 기대가 높았기 때문이었습니다. 쉬는 시간에도 부정적인 생각 때문에 휴식의 효율이 떨어졌고, 혹은 휴식이 불가했고, 부정적인 생각을 다스리고 피하기 위해, 무언가에 집중하기 위해 또 공부를 붙들기도 했는데, 이 역시 지혜 없고 어리석은, 역효과만 가득한 방법이었습니다.

그렇게 수능을 봤습니다. 그해 수능은 역대 최고의 불수능이어서, 나뿐 아니고 많은 이들이 못 봤고, 덕분에 등록금 부담이 적은 국립대학교에 입학했습니다. 대학교 1학년 때도 도서관에 가서 공부를 할 정도로 열심이었고, 1학년 1학기 성적은 꽤 좋았던 것으로 기억합니다. 그러나 1학년 2학기 때부터, 그나마 고등학교 때 나름대로 효과가 있던 받아적기나 인강 방법이 통하지 않기 시작했습니다. 읽거나 들었던, 바로 전 문장이 기억도 이해도 되지 않았습니다. 다시 보거나 누군가 말을 하면 기억나긴 하지만, 매번 물어볼 수 없는 노릇이었습니다. 가장 심했을 때는, 내가 어떤 말을 하는데도, 내가 무슨 말을 하는지 모를 정도였습니다. 온 신경을 곤두세워 집중을 하는 시간이 1분도 되지 못해 충격을 받은 기억이 있습니다. 정말 어떤 방법도 효과가 없었습니다. 선교단체의 모임과 예배에 참석하고, 단기선교를 가기도 했습니다. 피아노를 치거나 노래를 부르며 기분을 좋게 하려고 하고, 핸드폰의 세계에 빠져들어 스트레스를 해소하려고 하고, 핸드폰 미디어 금식을 시도하기도 하고, 그림을 그리기나 가까운 곳으로 버스를 타고 가서 기분 전환을 시도해 보기도 했습니다. 내적치유를 하는 교회에 가기도 하고, 인강 요법을 다시 시도해 보기도 하고, 책을 읽기도 하고, 친구들을 만나서 웃고 떠들기도 해 보았습니다. 다이어리를 쓰기도 하고, 울어 보기도 하고, 백색 소음이 많은 카페에서 공부를 해 보거나, 조용한 도서관에 가거나, 자연 속에서 쉬는 등 정말로 많은 노력을 기울였는데, 어떤 방법도 통하지 않았습니다. 시험 기간에도 벼락치기가 효과가 있다고 해서 해보기도 하고, 공부가 될 때까지 포기하지 않았습니다. 결국 4시쯤 돼서 지쳐 잠들기도 했습니다.

  어렸을 때부터 순하고 순종적인 성향 덕에 교회를 성실하게 다니고, 목사님의 말씀은 늘 잘 받아들였습니다. 그러다 대학교 때 열정적인 선교단체에 가입한 덕분에, 나름대로 신앙은 자라갔고, 꿈과 야망이 많았지만 하나도 이뤄지지 않은 만큼, 신앙이 많은 위로가 되었습니다. 갈급함 때문에 선교단체의 예배와 모임에도 열심히 참석하고, 고민도 많이 하고, 말씀과 신앙 서적도 많이 읽었습니다. 그러다 22살에 들어서《예수님의 무명시절》이란 책을 읽었고, 그 후 문득 '어느 다른 장소에 가지 않아도, 지금 내가 사는 이곳에서 미니 광야에 들어가고 싶다. 그러면 좋겠다.'는 생각이 들었습니다. 23살이 될 무렵, 동아리방에서 2~3시간 동안 기도나 묵상을 하는 등, 전에 하던 것보다 신앙생활을 더 열심히 했습니다. 그러면서 점점 나의 상태를 인지하기 시작했습니다. 사실 그전까지는 조울증이나 불안 등이 많다는 것을 알고는 있었지만, 내가 어떤 정신질환을 가지고 있는지도 잘 몰랐습니다. 그냥 안 되면 되게 하라는 마음으로 노력을 했습니다. 그러면서 가정의 불화로 인한 정신질환, 악한 영 등 인터넷 검색을 하다 23살 7월 말 무렵 신상래 목사님의 사이트를 알게 되었습니다. 목사님의 구원관이나 신앙관이 평소 내가 생각하던 것과 같았고, 내가 궁금했던 부분, 특히 선하신 하나님이 계시는데 왜 세상은 사건 사고가 일어나는가 등의 질문에 대한 해답을 얻을 수 있었습니다. 정신질환 등 귀신이 일으키는 질병 등에 대한 내용도 있어 좋은 사이트라 생각하다, 8월 초, 마음이 곤고하여 회개기도를 하던 중 젊은 나이에도 지은 죄가 너무 많아서, 이러다 지옥에 갈 것 같다는 생각이 들었습니다. 신목사님은 의인인 것 같으니 목사님께 기도를 요청하면 좀 해결될 수 있을 것 같아 연락을 드렸습니다. 목사님은 기도훈련을 하지 않으면 중보기도를 해 주지 않는다고 하여, 밑져야 본전이라는 생각으로 기도를 시작하였습니다. 기도를 시작하고 가장 신기한 것은 어렸을 때부터 십수 년을 갖은 노력을 기울여도 부정적인 생각이 해결되지 않았는데, 부정적인 생각이 강해도 평안한 마음이 드는 것이었고, 그 덕분에 기도를 계속할 수 있었습니다. 귀신의 공격이 강해지면서 목사님이 계시는 대전의 원룸으로 가서 축출기도를 받기도 했으나, 2개월이 지난 후쯤, 목사님이 충주에 영성학교 문을 여시면서 상황이 어렵게 되었습니다. 그러나 기도를 계속하면서 결국 2015년 3월부터 매주 목금토일 영성학교에서 지내며 기도훈련과 더불어 몸과 마음이 휴식할 수 있는 시간을 가지게 되었습니다. 기도를 하면서 기도훈련 전보다 10㎏ 이상 빠질때도 있었습니다. 밖에도 나가기 힘들 정도로 공격이 심했고, 겨우 엄마가 직장에 다니는 사촌동생들을 돌보는 아르바이트를 하며 지냈습니다. 2017년 3월부터는 아파트에 과외업체의 전단지를 5시간씩 붙이는 아르바이트를 일주일에 2~3일 하며 영성학교에 갈 차비와 최소한의 용돈을 마련했습니다. 그 당시 목사님이 상태가 어떠한지 매주 물어보셨는데, 그때마다 나의 대답은, "머리가 맑아지고 있어요."였습니다. 2018년 여름이 되자, 지금도 종종 언급되는 역대급 더위에 일을 하기 힘들었는데, 우연히 초등학생에게 파닉스 등 기초를 가르치는 영어학원 파트타임 광고를 발견하였습니다. 그렇게 영어 공부를 다시 시작하였습니다. 어렸을 때부터 꿈도 많았고, 영어에 대한 흥미가 정말 많았지만, 제대로 공부할 기회가 없었습니다. 늘 시험을 위해서 문제를 잘 푸는 법을 배웠고, 문제를 풀고 빨간펜으로 동그라미, 체크 표를 하며 나를 채찍질하고, 자괴감을 겪는 것이 매 순간 고통스러웠습니다. 그러나 파닉스와 더불어 회화나 언어 자체를 이해하기 위한 문법을 다시 공부하고 언어교환 앱을 사용하여 기본 회화나 구문, 문법 연습을 많이 하였습니다. 영화나 앱, 유튜브/온라인 강의 등 꾸준히 다양한 방법으로 영어를 공부하였고,

2021년 미공군 계약업체에 입사하게 되었습니다. 그때는 행정업무를 보아 영어를 많이 사용하지는 않았지만, 한국계 미국인 소장님이 가르쳐 주셔서 기본적인 업무 이메일을 쓰는 연습을 했고, 이따금 영어를 쓰는 환경에 노출되기도 했습니다. 일이 끝나면 매우 피곤했기에 불규칙적으로 공부를 해서 영어가 크게 늘지는 못했습니다. 회사에 입사해서 다양한 사람들과 대화도 하고, 경제적인 안정을 찾게 되면서 언어능력과 경험에 의한 이해력이 향상되었습니다. 관찰력, 이해력, 인내, 끈기, 흥미, 창의력과 집중력이 향상되었습니다. 늦은 나이에 처음 사회생활을 시작한 만큼, 또 영성학교에서 배운 것처럼, 늘 겸손한 마음으로 배우려고 했고, 내가 원하는 방식을 주장하기보다는 사람들이 원하는 방식으로 일을 진행했습니다. 성격이 밝아지고, 부정적인 상황이 다가와도 회복하는 속도나 능력이 좋아져 대인관계 능력도 좋아졌습니다. 직장 상사분이 어느 날 나에게 화를 내지 않는 것과, 사람들과의 관계가 좋은 것이 부럽다고 말씀해 주시기도 했습니다. 감사하게도 회사에서 기회를 주셔서 2022년 같은 회사 대구지부에서 환경, 안전, 건강(Environmental, Health, and Safety) 매니저가 되었고, 매일 미국인 동료들과 일을 하면서, 영어로 된 문서들을 보면서, 이메일을 직접 쓰기 시작하면서 영어가 많이 늘기 시작했습니다. 그러나 우리말로 된 전문적인 글도 이해하지 못한 때가 있는데, 영어로 된 전문분야 글은 읽기 더 힘들었고, 이메일부터 공식문서 작성 등 많은 것들이 영어로 되어 있기에, 쉬운 일에도 시간이 지나치게 많이 소요되어, 2023년에는 영어 공부에 투자하는 시간을 많이 늘렸고 실력이 많이 향상되었습니다. 영어 공부에 많은 노력을 기울인 것도 사실이나, 절대로 나의 힘대로 되지 않았고, 무엇보다 축출기도의 힘이 컸습니다. 그리고 하나님께서 어떤 부분에서 부정적인 생각에 잡혀 있었는지, 이제까지 어떻게 공부를 잘못하고 있었는지, 언어의 원리는 어떠한지 지혜를 주셔서 언어를 더 쉽고 효과적으로 공부할 수 있었습니다. 그리고 나의 뇌의 한정된 공간을 차지하고 있던 부정적인 생각과 감정이 빠져나가게 되니 창의력, 이해력, 사고력, 논리력, 기억력, 독해력, 집중력 등 전반적인 뇌의 능력도 향상되었습니다. 사람들과 대화도 잘하고, 사람들이 어떤 생각과 감정으로 이야기하는지 그 의도가 파악되고, 적절한 타이밍에 농담 같은 것도 적재적소에 던질 줄 알게 되었습니다.

몸도 많이 회복되었는데, 악한 영이 머리와 몸을 잡고 있었기 때문에, 몸도 약하고 건강하지 않았지만, 비교적 어릴 때여서 그런지, 혹은 몸을 아프도록 공격하지 않아서인지 모르지만, 특별한 병명은 없었습니다. 다만 머리를 집중적으로 공격해서 기도할 때, 생활할 때 어려움이 많았습니다. 그러나 매주 축출기도 덕분에, 또 하나님의 은혜로 부정적인 상황과 감정이 닥쳐도 항상 회복을 했습니다. 또한 체력이 많이 좋아졌습니다. 운동은 25살 때부터 시작했는데, 집에서 벽 스쿼트 30초, 맨몸 스쿼트 3세트, 15회로 시작하여, 점점 운동량도 늘려가고 헬스장에서 운동을 시작했습니다. 겨우 성공하긴 했지만, 2년 전에는 무등산, 작년에는 금오산 정상에도 올라갔습니다. 28살 때, 영어 가르치는 파트타임 4시간을 하고, 헬스장에서 30분 걷기나, 기구를 사용하여 운동해도 피곤했는데, 이제는 직장 후에 저녁까지 일을 하고 공부해도 괜찮을 때가 많습니다. 물론, 일정을 잘 관리하지 못하고 잠을 제대로 못 자면, 다시 피곤해하지만, 잘 쉬면 회복됩니다. 또 영양을 신경 쓰게 되었습니다. 기도를 시작하기 전에는 그때가 비록 20대 초반이었지만, 건강관리의 필요성을 못 느끼고 또 귀찮았는데, 기도를 시작하고 나서는 몸에 해로운 것을 저절로 조절하고 줄이게 되었고, 건강한 음식이 더 맛있어졌습니다. 때에 따라 적절한 영양제도 잘 챙겨 먹게 되었습니다. 또한 진정한 휴식을 할 수 있게 되었습니다. 쉬어도, 공부를 안 해도 죄책감이 들지 않고, 즐거운 마음으로 휴식을 즐길 수 있게 되었습니다. 물론 일이 많을 때는 예전처럼 쉬어도 쉬지 못할 때도 있지만, 휴식을 충분히 취해 일의 능률이 올라갈 때가 많습니다. 그래서 매우 행복합니다.

몇 년 전부터 지난달까지 몇 개월에 한 번씩 꾸준히 꾸는 악몽은, 고등학교 1학년이나 3학년 첫 수업으로 돌아가는 꿈이었습니다. 수학을 싫어하고 잘하지 못했는데, 문과생이 수능 때 미적분을 보지 않아도 되는 마지막 세대여서, 다시 수능을 보는 것은 미적분을 해야 하는 것과 같고, 졸업한 지 꽤 오래 지났기 때문에 수학뿐 아니라 잘하던 다른 교과도 많이 잊어버렸습니다. 꿈이어도 내가 왜 또 수능을 봐야 하는지, 앞으로 어떻게 해야 하는지 많은 생각과 감정이 교차하고, 꿈에서 깨어도 그것이 꿈이었는지 현실인지 구분이 되지 않고 공포와 고민, 괴로움이 밀려옵니다. 그 주, 목사님께서 설교시간에 미적분을 공부해야 하는데 이해가 되지 않아 선생님께 손을 들고 잘 모르겠다고 질문을 하자 선물이 마구 쏟아졌다는 꿈 이야기를 하시며, 아무리 어렵고 힘든 상황이 와도 하나님께 긍휼을 구하면 불쌍히 여겨 주신다고 말씀하셨습니다. 그 말씀을 듣고는 이제까지 그런 악몽을 꾸지 않았습니다. 앞으로 설령 그런 악몽을 꾸더라도 목사님 말씀하신 것을 꿈속에서라도 떠올리며, 하나님의 긍휼을 구하고 부정적인 생각과 감정과 싸워야겠다는 각오를 다집니다.

병원에서 치유할 수 없는 극심한 고통 때문에
예수를 믿게 된 어머니 이야기

지금은 돌아가셨지만, 불신자였던 어머님이 어떻게 하나님께 돌아오게 되었는지 그 이야기를 하려고 합니다.

어머님은 하나님을 믿지 않는 집안에서 태어나 자라 시집을 오셔서 평생 하나님을 모르고 우상을 숭배하며 제사를 지내고 귀신을 섬기며 사셨습니다. 나이가 들어가면서 성인병과 고질병이 생겨서 병원 처방약이 보약인 것처럼 여기고, 약 가방에 동네병원과 종합병원을 순회하면서 처방받아 약국에서 구입한 약봉지들을 넣어두고 매일 한 주먹씩 드시며 사셨습니다. 병명은 수도 없이 많았습니다. 협심증과 우울증을 비롯해서 여기저기 뼈가 아프고 위장이나 자궁 등 안 아픈 데가 없다고 할 정도였습니다. 물론 제가 기회가 있을 때마다 하나님을 믿어야 천국에 갈 수 있다고 호소하였지만, 어머님은 들은 척도 하지 않으셨습니다.

그러다가 기이한 사건이 터지게 되었습니다. 갑자기 어머니가 극심한 고통에 시달려서, 집안에 아무도 없었기에 스스로 119 구급차를 불러 대전의 성모병원에 입원하시게 되었습니다. 성모병원은 항상 다녔던 병원이기에 구급차 대원에게 거기로 가달라고 부탁하셨다고 합니다. 그런데 문제는 그다음에 생겼습니다. 병원에서 온갖 검사를 해도, 극심한 고통을 유발하는 문제를 발견하지 못했다는 것입니다. 그런데 어머니는 극심한 통증을 호소해서 급기야는 마약 성분인 모르핀 주사를 맞으시고 모르핀 파스까지 붙일 정도였습니다. 그때 저도 어머니가 병원에 입원하신 이야기를 듣게 되었습니다. 원래 병원을 친정집처럼 자주 다니셨던 분이기 때문에 그리 대수롭지 않게 여겼는데, 병원에서 아무리 검사를 해도 원인을 발견하지 못하자 오랫동안 입원을 할 수 없다면서 퇴원을 권고한다는 얘기를 들었습니다. 그래서 '아하! 이번에 하나님께서 어머님을 다루고 계시는구나.' 하는 생각을 하게 되었습니다.

그래서 저는 병원으로 어머니를 찾아가서, 엄마 병은 병원에서 고칠 수 없고 내가 기도해야 나을 수 있다고 말해 주었습니다. 평소 같으면 들은 척도 안 했을 어머니였겠지만, 워낙 고통이 극심한데도 병원에서 해결해 줄 수 없다는 절망스러운 말을 들었던 터라, 제가 기도해 주는 것을 허락하셨습니다. 그래서 저는 어머님의 몸에 손을 대고 간절히 기도하였고, 얼마 지나지 않아 씻은 듯이 고통이 사라지게 되었습니다. 그 후에 퇴원하고 집에 오자마자, 출근하는 저를 붙들고 기도해 달라고 애원(?)하셨습니다. 그러자 저는 조건을 내걸면서, 주기도문을 외우고 하나님을 부르는 기도를 하지 않으면 기도해 주지 않겠다고 선언했습니다. 그러자 어머니도 그동안의 고집을 꺾으시고 기도하기 시작했습니다. 기도하시면서 먼저 돌아가신 아버지가 천사와 같이 방문한 것을 눈을 뜬 채

환상으로 보시기도 하였습니다. 그렇게 소천하실 때까지 오래도록 기도하시다가 얼마 전에 이 땅을 뜨셨습니다. 하나님께서 어머니를 구원하시려고 병원에서 치유할 수 없는 극심한 고통을 주어서, 강권적으로 예수님을 믿게 하시고 기도하시다가 천국에 들어가게 하셨으니, 이보다더 감사할 일이 또 어디 있겠습니까? 할렐루야!

86

악령에게 빼앗긴 영혼과 삶을 되찾게 된
조현병 자매

저는 조현병 환자였습니다. 어느 날 갑자기 찾아온 병으로 스스로 들어간 병원에서 1.5개월 입원했었고, 지인의 도움으로 집에 돌아올 수 있었습니다. 병원에서 먹었던 약들은 침과 한약과 신앙의 힘을 빌려 4개월 만에 스스로 끊었습니다. 그리고 수능을 다시 봤고 학교에 입학했습니다. 완치되진 않았지만, 학교생활을 잘할 수 있으리라는 자신감으로 입학을 했습니다. 하지만 일주일을 채우지 못하고 집에 돌아와야 했습니다. 온갖 나쁜 상황들이 내 앞에 펼쳐지며 두려움과 불안이 나를 덮쳐왔고 거의 3일 동안 단 1분도 잘 수 없었습니다.

학교생활은 실패로 돌아갔고, 이후에 나는 어머니와 함께 영성학교를 찾게 되었습니다. 그리고 어느덧 기도한 지 9년이 되어갑니다. 영성학교에서 기도하며 나는 내 안에 숨어 있던 온갖 귀신들을 만나게 되었습니다. 생활은 그럭저럭 잘할 수 있었지만, 내 안에서는 전쟁이 일어나고 있었습니다. 말할 수 없는 고통, 누가 알아주지도, 알 수도 없는 고통에 시달리며 기도해야 했습니다. 그래도 하나님의 은혜로 기도의 끈을 놓지 않았고, 하나님을 만나야겠다는 마음으로 9년 동안 지금까지 기도를 해오고 있습니다.

그렇게 귀신들과 싸우며 기도하던 중에 나는 더 큰 미혹을 만나게 되었습니다. 지금에 와서 돌아보면 말도 안 되는 망상에 웃을 일이지만, 귀신이 나를 철저히 지옥으로 끌고 가려고 했던 것이고, 절대로 다른 사람에게 내놓지 못하도록 미혹시켜 나를 꽁꽁 묶어두고 있던 것이었습니다. 미혹된 상태에서도 감사하게 기회가 되어 나는 자퇴했던 학교에 다시 입학할 수 있었습니다. 감사한 마음으로 학생 신분으로 돌아가 학교생활을 하면서도 나는 여전히 미혹된 상태였고, 온갖 망상과 환청, 환시에 시달리면서도 깨닫지 못한 채 즐겁게 학교생활을 하고 있었습니다. 해피한 상황들만 있었던 것은 아니지만, 나는 학교에서 실시한 수기공모에 당선될 정도로 원만한 학교생활을 하고 있었습니다(글 쓰는 것은 이전부터 좋아했고 잘 쓴다는 말을 종종 들었습니다).

하지만 내부에서는 망상인지도 모르면서 혼자 뭔가 됐다고 믿으며 귀신들과 이런저런 영적인 일들을 하고 있었습니다(기도, 찬양, 중보 등등). 온갖 귀신들의 공격에 시달리면서도 수많은 귀신들을 받아들이며 항상 기뻐하고, 쉬지 않고 기도하며, 범사에 감사하려고 발버둥치고 있었던 것입니다. 하지만 점점 모든 것이 버거워져 갔습니다. 학습능력이 점점 떨어져 수업을 따라가기 힘들었고 공부를 거의 하지 못하고 시험을 봤으며, 공부를 해도 잘 기억이 나지 않았습니다(기억력 감퇴). 3점 후반대였던 성적은 점진적으로 떨어져 간신히 2.0을 넘는 수준이 되었

기도로 고질병과 불치병이 치유된 113人의 체험담

습니다. 정신 상태도 점점 악화되었고 지난 한 학기 동안은 지옥이었습니다. 환청과 환시, 불면증, 가스라이팅 같은 심한 망상, 악몽에 시달리게 되어 견디기가 힘들었습니다. 갑자기 온갖 두려운 것들이 몰려왔습니다. 학교를 어떻게 다녔는지 모르겠습니다. 그래도 다행이었던 것은 기도의 끈을 놓지 않았고, 시종일관 하나님만 바라보며 의지하려고 애썼습니다(상황이 그럴 수밖에 없었습니다). 아무도 도와줄 수 없는 상황에서 죽음의 공포까지 찾아왔지만, 영성학교에서 배웠던 예수 피로 싸우는 기도로 간신히 죽음의 공포에서 살아 돌아올 수 있었습니다.

그런 일들을 겪으며 나는 어쩔 수 없이 나의 상황들을 털어놓을 수밖에 없었고, 내가 완전히 미혹된 상태에서 혼자 미친 짓을 하고 있었다는 것을 알게 되었습니다. 다른 사람들이 살지 않는 망상 속에서 나 혼자 살며 다른 세상을 겪고 있었던 것입니다. 예를 들면, 입이 움직이고 혼자 이상한 말이 튀어나오고 집에 있으면, 내 안에 마치 5개의 귀신 중대가 활동하고 있는 것 같은 환청과 환시에 시달리면서도 구름과 새를 보면서 자연물 계시라고 속아 혼자 해석하느라 애쓰고 있었습니다. 주변 사람들을 포함하여 온 세상 사람들이 다 나와 같은 영적인 일을 겪으며 나와 같은 세상에서 살고 있는 줄 알았습니다. 하지만 교수님이나 주변 친구들 중에, 나에게 와서 괜찮냐고 하는 사람은 단 한 사람도 없었습니다. 겪어보지 않은 사람은 모릅니다. 귀신이 얼마나 교묘하고 무서운 존재인지를….

견딜 수 없는 고통 속에 너무 버거워진 나의 상황들을 어머니와 영성학교에 털어놨고, 방학이 되어 영성학교에 올 수 있었습니다. 축출기도와 코칭을 받으며 나는 모든 것을 새로 시작해야 했습니다. 자그마치 9년 동안 기도했는데, 왜 진작 그런 일들을 내놓지 못했는지, 귀신들이 얼마나 철저하게 속였는지, 지난 시간들이 너무 후회가 됐습니다. 지금은 망상에서 벗어나 현실을 바로 보고 있습니다. 환청과 환시도 많이 좋아져서 5개의 중대는 거의 사라졌습니다. 학습능력도 다시 좋아졌고 암기력도 회복되어 학업에 열중하고 있습니다. 그리고 여전히 기도하며 귀신과 싸우고 있습니다. 예수 보혈의 권능과 은혜에 감사하고 찬양하며, 체험해서 깨닫고 감사할 수 있다는 것이 은혜인 것 같습니다. 하나님이 아니면 망할 수밖에 없는 죄인이라는 고백이 절로 나옵니다.

돌아보면, 끝까지 미혹되어 지옥에 떨어질 수밖에 없었는데, 그런 상황에서도 나를 건져 주신 하나님께 감사드리지 않을 수 없습니다. 낙심이나 믿음을 떨어뜨리는 공격에서도 그런 은혜를 떠올리며 다시 일어설 수 있었습니다. 9년 동안이나 미혹되어 다른 세상에 살았던 나를 놓지 않고 영성학교에서 기도할 수 있게 하셨던 하나님의 은혜에 감사와 찬양을 드리며, 제 병이 치유되도록 애써 주신 목사님과 가족들, 영성학교 식구들 한 명 한 명 축복합니다.

기도로 고질병과 불치병이 치유된 113人의 체험담

기억상실증과 실어증에서 건져 주신 하나님

기도훈련 2년쯤 되었을 때, 갑자기 말이 어눌해지며 단어가 생각나지 않기 시작했습니다. 그리고 마치 고속도로에서 자동차가 질주하듯 빠른 속도로 단어를 잊어버려서, 3일쯤 되었을 때는 머릿속이 텅 빈 것같이 아무 생각이 없었고, 예수 피라는 단어조차 생각이 안 나는 기가 막힐 지경까지 되었습니다. 이러다 바보가 되는 게 아닌가? 하는 두려움도 있었으나 그것조차 금세 잊어버렸습니다.

일이 너무 갑작스럽게 진행이 되고 주말과 공휴일이 겹쳐서 병원에 갈 상황이 아니어서, 일단 아내가 코치님께 상황을 이야기하자 저녁에 코치님께서 오셔서 함께 축출기도를 하였습니다. 기도 중에 악한 영이 나가는 느낌이 들면서 단어를 잊어가는 현상이 중지되었다는 느낌이 들었습니다. 다음 날, 또 한 번 코치님이 오셔서 축출기도를 했을 때는 예수 피가 생각이 나서 같이 기도했습니다. 기도 후에는 간단한 대화가 가능할 정도로 회복되었습니다. 그리고 그 주부터 영성학교에서 축출기도를 받으며 완전히 회복되어 지금까지 건강하게 잘 지내고 있습니다. 갑자기 찾아온 단어 망각으로 인한 실어증을 치유해 주신 하나님께 감사드립니다. 하나님이 함께하시는 목사님과 코치님께도 감사드립니다.

틱장애도 고쳐 주신 하나님

제 아들은 아기 때부터 무척 예민하고 혼자 있는 것을 싫어했습니다. 아빠와 엄마를 따라 교회를 다니며, 5살쯤에는 "난 하나님, 예수님, 성령님만 믿을 거야."라는 신앙고백을 하며 예쁘게 자라 주었습니다. 4살 때부터 다리를 계속 움직인다든가 필요 이상으로 하품을 해서 미디어 검색으로 '틱'이라는 것을 짐작했고, 현대의학으로 치료가 되지 않는다는 것도 알게 되었습니다. 초등학교에 입학해서 고학년으로 갈수록 운동틱, 음성틱 등이 점점 심해져서 손 놓고 있을 수만은 없어, 부작용을 알기에 정신과 약을 제외하고 한약, 영양제, 식이요법, 운동치료 등 틱 카페에서 추천하는 여러 방법을 시도했지만, 우리 아이에게는 무용지물이었습니다.

낙심한 가운데 하나님 은혜로 신목사님 유튜브를 보게 되었습니다. 귀신의 공격임을 알게 됐고, 6개월 정도 축출기도를 받으면서 꿈쩍하지도 않던 틱 증상이 70~80% 호전되었습니다. 이 기도가 그리 쉬운 것은 아니기 때문에, 기도를 안 하면 귀신이 다시 공격한다고 목사님께서 누누이 말씀하셨지만, 사춘기에 접어들어 기도를 안 하게 되니 증상이 좀 더 심해졌습니다. 그래도 학교 다니는 데 별 지장 없이 생활하고 있습니다.

틱으로 수많은 아이들이 고통당하고, 해결책이 없는 부모들은 날마다 지옥 같은 삶을 산다는 글을 틱 카페에서 여러 번 읽은 적이 있습니다. 영성학교 기도훈련을 알지 못해 발만 동동거리고 있는 가족들을 생각할 때 안타깝기 그지없습니다.

무엇보다 감사한 것은, 성경을 근거로 천국 갈 수 있는 방법을 영성학 교에서 정확하게 알게 된 것입니다. 오랫동안 예수님을 믿는다고 하였 지만, 구원받을 수 있을까? 하는 의문이 항상 있었는데, 이 기도를 하면 서 나와 가족까지 천국 갈 수 있겠다는 소망이 생겼습니다. 모든 사람이 구원받기 원하시는 하나님께 감사드립니다.

89

기도훈련을 시작한 뒤 치유된 교사로서의 삶

기도훈련 전 저는 초등교사 약 10년 차였는데, 부모님이 반대하는 결혼을 내 고집으로 밀어붙이며 강행한 결혼이었기에 예상되는 경제 문제의 해결을 위해 수입을 얻기 위한 교사 생활을 하고 있었습니다. 초등교사를 원해서 교대에 진학한 많은 동료 교사와 달리, 자유분방한 미대 출신의 저는 교사생활을 하면 할수록 나와 교사는 전혀 맞지 않는다는 생각이 들어 마음의 갈등이 심했고, 다른 모든 사람은 노력만 하면 다 교사를 할 수 있어도 나만큼은 절대 교사를 해서는 안 된다는 생각이 늘 머릿속을 지배했기에 삶이 힘들었습니다. 특히 담임교사가 되면 그 갈등은 더욱 심해졌고, 생활 지도가 힘든 학생이나 상대하기 힘든 학부모를 만나게 되면 교사를 하루라도 빨리 그만두어야겠다는 생각이 늘 들곤 했습니다. 그래서 제가 좋아하는 미술, 영어 등의 전담교사를 할 수만 있으면 신청하여 담임에서 빠지게 되었고, 학교 사정상 담임교사를 해야만 하는 해가 오면 어쩔 수 없이 맡기는 하였으나 크고 작은 학생들 간 싸움과 자기 아이 입장만 인정받기 원하는 학부모들, 끊임없는 잡무들, 수업 준비, 학교 행사 준비들로 지쳐 마음속에 갈등과 불평, 원망이 가득한 삶을 살았습니다. 이게 꿈이 아닌 현실이라는 게 믿기지 않을 정도로 힘들어, 무리하게 교사를 그만두려는 욕심에 다단계 사업에 빠져들었다가 가정파탄 직전까지 갔을 정도로 망가진 삶을 살았습니다.

하나님을 만나는 기도훈련 후 저의 교사로서의 삶이 점점 치유되었습니다.

첫째, 교사라는 위치에 하나님이 주신 권위와 사랑이 부여됨을 경험했습니다. 교육에서의 기초공사가 이루어지는 초등학생들에게 필요한 것은 공부 이전에 올바른 권위와 사랑을 교사를 통해 경험하는 일임을 기도훈련의 해가 거듭될수록 확인하게 되었습니다. 하나님께서는 과거 역기능적 가정의 모습에서 비뚤어져 있었던 저의 자아상을 치유하시며 회복시켜 가셨습니다. 이전에는 가정에서 올바른 부모의 사랑과 권위를 경험하지 못해 많은 문제를 가진 학생들을 상대하는 일이 힘겨웠고 때론 엄청난 두려움이었기에, 학생들이 제 말을 듣지 않으면 교사의 권위로 내리누르거나 학생의 인격을 무시해 버리거나 저를 괜찮은 교사로 과대 포장하기 위해 바빴습니다. 그러나 하나님 부르는 기도훈련을 지속하면서 점점 그런 학생들에게 화가 나지 않고 크고 작은 문제가 생길 때마다 예수 피로 싸우며 상황이 반전되고 승리하는 경험이 쌓이게 되면서, 다수의 학생들로부터 착하고 친절한 선생님, 공부를 재미있게 잘 가르치는 선생님, 공평한 선생님, 지금까지 만나본 선생님 중 최고의 선생님이라는 말까지 듣게 되었습니다. 아직도 부족함이 많아 공사 중인 교사이기에 칭찬을 들으면 부끄러운 마음이 들지만, 하나님 부르는 기도를 하지 않았더라면 절대 들을 수 없었을 말이라는 것을 제 자신만큼

기도로 고질병과 불치병이 치유된 113人의 체험담

은 너무나 잘 알고 있습니다.

둘째, 교육현장에서 느끼던 혼란스러움이 정리되고 올바른 기준이 세워졌습니다. 현재 교육현장에서는 교사를 성직자의 개념으로 바라보는 시각과 노동자로 바라보는 시각이 공존함으로 인해 사소한 사건 한 가지에 대해서도 엄청난 견해 차이가 발생하며, 또 교사와 학생, 학부모 세 집단의 입장 차이와 더불어, 같은 집단 간에도 세대 차이에서 오는 행동 양식의 다름과 해석의 차이로 인해 엄청난 혼란을 만들고 있습니다. 기도훈련 이전에 저는 제가 처한 입장에 따라 제 귀에 듣기 좋은 말을 하는 교사의 편에 귀를 기울이며 행동을 같이하려 하였고, 학부모와의 관계에서는 제가 듣기 좋은 말을 해 주는 학부모에게만 관대한 평가를 해 주었습니다. 그러나 하나님 부르는 기도를 하게 되면서 모든 기준이 명확해졌습니다. 하나님과 1대 1의 친밀한 관계를 맺는 것 이상으로 제 마음이나 행동이 치우치는 것은 인간의 눈으로 보기에 아무리 합당한 생각일지라도 옳지 않은 것이었고, 결국 밑바닥에는 제 속에 숨은 동기와 우상이 들어 있는 것이었습니다. 바쁜 하루 일과 속에 틈을 내어 예수 피를 부르는 훈련을 계속하다 보니, 점차 균형감각이 생기게 되어 모든 교육현장 속에서 일어나는 일을 보는 시각이, 나 중심이 아닌 하나님 중심으로 바뀌게 되었습니다. 서로 다른 집단 간의 충돌은, 결국 하나님과 예수 그리스도의 사랑과 권위의 바탕 가운데 조절되고 이해되어야 할 것들이기에 사람이나 현상을 바라보는 시각에 비판보다는 분별이 많아지게 되었으며 학교에서는 더욱 입을 다물게 되었습니다. 이전에는 함께 수다를 떨고 입장을 같이 할 동료 교사가 없으면 허전함을 느꼈는데, 하나님

부를 시간도 턱없이 부족한 바쁜 하루 일과 속에서, 그것은 사치스러운 고민이었음을 깨닫고 나니 오히려 마음의 여유가 생겨, 학교 선생님들과의 관계 속에서 모든 업무처리도 더 부드럽게 진행됨을 경험하고 있습니다.

90

퇴행성 허리디스크, 무릎 건초염, 급성 위염, 기능성 위장장애를 치유하신 하나님

새벽기도와 각종 예배, 철야 기도원집회에 참석하고 통성기도와 찬양 시간에는 마음이 벅차오르고 하나님을 만난 느낌이었지만, 돌아오면 마음과 상황, 문제들은 해결된 것이 없고 구원의 확신이 없으며 늘 갈급함이 있었습니다. 어디서부터 뭐가 잘못됐는지 모른 채 답답한 마음으로 교회를 다니다가 우연히 인터넷을 통해 신목사님의 설교를 듣게 되었습니다. 설교를 들으면서 어쩌면 하나님은 항상 부르짖는 나의 기도목록에 대해 관심이 없을 수 있겠다는 생각을 하게 되었고 내 안에 성령이 없다는 것, 뜻도 모르고 열심히 하던 방언도 귀신이 주는 것이었다는 것을 알게 되었습니다. 제 안에는 늘 원망, 분노, 미움, 우울, 탐욕, 조급함, 용서하지 못하는 마음이 있었는데, 그것들이 죄라는 것을 알게 되어 회개하기 시작했습니다. 저는 퇴행성 허리디스크가 있어 30분 이상을 앉아 있지를 못해 이전 교회에서는 늘 예배시간에 앉았다 일어났다를 반복해서 설교 내용에 집중하지 못했고, 사람을 만나 대화하다가도 안절부절 못하기 일쑤였으며 장거리 운전도 두려워했습니다. 그런데 작년부터 영성학교 와 축출기도를 받으면서 예전에 비해 오랜 시간을 앉아 있을 수 있게 되었고, 늘 비치해 두고 툭하면 찾던 진통제도 복용하지 않게 되었습니다. 또 고질적인 무릎 건초염이 있어서 낫고 재발하기를 반복하고 있었고 무릎 보호대를 차고 다녔었는데, 지금은 건초염이 있다는 것을 잊어버리고 다닐 정도로 통증이 거의 없어졌습니다.

또한 급성 위염, 기능성 위장장애가 있어 평소에 위 통증을 달고 살고 가스가 잘 차서, 자극적인 음식뿐만 아니라 일상적인 음식(계란프라이, 구운 김, 장아찌 등)도 못 먹고 아주 제한된 편식을 하고 있었는데, 음식에 대한 두려움을 예수 피로 치며 먹어보라는 코치님의 말씀대로 실행하니 골고루 잘 먹을 수 있게 되었고, 더불어 체력도 좋아지게 되었습니다. 기도하고자 하는 의욕은 있지만 귀신에게 속아 계속 넘어지기만 했던 죄 덩어리인 저를 영성학교로 인도해 주셔서 회개와 기도의 기회를 주시고, 은혜를 주신 하나님께 정말 감사드립니다. 또한 영성학교에서 기도할 수 있는 기회를 한 번 더 주신 목사님, 늘 세세하게 코칭해 주시며 죄와 싸우라고 일깨워 주시는 코치님께도 감사드립니다.

기도로 고질병과 불치병이 치유된 113人의 체험담

91

아토피를 치료해 주심을 감사드립니다

우리 막내는 어릴 때부터 아토피성 피부염 때문에 먹는 것에 제약이 많았습니다. 인스턴트식품이나 과자, 초콜릿 등을 먹으면 늘 피부를 긁었으며, 항상 건조한 피부 때문에 피부에 좋다는 제품을 구해다 발라 주었고, 팔꿈치 안쪽과 무릎 뒤쪽 피부는 하도 긁어서 색소침착으로 검게 변해 있었습니다.

아이가 기도훈련을 시작한 것은 초등학생 때였지만 중학생이 될 때까지 영적인 것에 그다지 관심이 없었습니다. 예수님의 십자가 은혜를 깨닫지 못하는 막내에 대해 애통하는 마음이 들어 아이를 살려달라고 창자가 끊어지듯 기도하던 때였습니다. 저녁 먹고 산책을 하면서 사람을 사이에 두고 하나님과 귀신 사이에 벌어지는 치열한 영적 전쟁에 대해 얘기해 주었습니다. 귀신의 노예로 살다가 그 끝에는 귀신들과 똑같은 운명이 되어 지옥으로 간다는 것을 며칠이고 얘기해 주었는데, 아이는 하나님의 뜻대로 사는 것은 고통스럽고 행복할 것 같지 않다는 생각을 버리지 않았습니다. 이야기 도중 아토피 피부염도 너의 죄를 통해 들어

온 귀신들이 주는 것이라고 말해 주었는데, 아이 마음이 조금 움직이는 것 같았습니다.

아이는 엄마 아빠 몰래 게임을 사서 하고 있었다고 고백했습니다. 함께 끊어 보자고 했는데 이때부터 전쟁이었습니다. 아이는 게임을 샀다가 회개하고 지웠다를 반복하면서 자기가 늘 귀신에게 지고 있는 모습을 괴로워하기 시작했습니다. 죄를 짓는 것이 수치스럽다고 말했습니다. 아이를 격려하면서 축출기도를 병행하던 어느 날, 더 이상 나아지지 않는 아이의 상태를 지켜보다가, 제 마음속에 믿음이 없었음을 알게 되고 빌립보서 4장 6~7절을 붙들면서 하나님께 감사하는 순종을 드리기 시작했습니다.

그런지 며칠이 지나지 않아 아이의 아토피 피부염은 급속도로 좋아지기 시작했으며, 밤마다 피부의 염증반응으로 뜨거워져서 침대에서 못 자고 바닥에서 자던 아이가 어느새 침대 위에서 새근새근 자게 되었습니다. 색소침착으로 꺼멓게 되었던 팔 안쪽과 무릎 뒤 피부는 뽀얗게 되었고, 늘 긁어서 진물이 났던 피부에 새살이 돋기 시작했습니다. 고등학생이 된 막내는 아토피 피부염에서 완전히 치유되었습니다. 치유해 주신 하나님께 감사드리며, 또한 영적 세계에 대한 진리들을 가르쳐 주시고 보혈의 능력으로 자유케 하시는 은혜를 경험할 수 있도록 영성학교로 인도해 주심에 감사드립니다.

기도로 고질병과 불치병이 치유된 113人의 체험담

92

이유 모를 실신으로 고통당하던 여인, 새 삶을 살다

　저는 모태신앙으로, 우리 가족은 모두 기독교인이지만 가정에 귀신들이 많아 영적 싸움이 치열했던 것 같습니다. 장남 한 명만 출세하면 집안을 일으킨다고 믿고, 잘 키워 놓은 큰아들(선친)의 갑작스러운 질병으로 상심한 할아버지의 알코올 중독과, 큰형의 부재로 인한 아버지 형제들의 재산 싸움으로 우리 집은 자주 싸움이 벌어졌고, 살림살이를 깨고 부숴 버리는 삼촌들의 폭력성을 보고 자라서 그런지 늘 불안, 초조하고 근심과 걱정이 끊이질 않았습니다. 20대 초반부터 알 수 없는 이유로 실신을 자주 하였고 약한 체질로 직장생활도 간신히 하였습니다. 결혼을 도피처로 알고 가정을 이루었지만, 신혼의 단꿈도 잠시 시아버지의 뇌경색으로 인한 시집살이 등으로 늘 마음 한 켠에 허전함과 불안감이 있어 행복하지 않았습니다.

　내 인생이 고달픈 건 내가 신앙생활을 잘못해서라고 생각하고 교회세미나, 부흥회, 기도원 등 목사님을 따라다니며 안 해본 거 없고, 주일학교, 중등부 교사 등 교회 봉사를 열심히 했지만 내 삶은 더 피폐해지고,

믿지 않는 친구들에게 저는 뭐를 해도 안 되는 사람, 불쌍한 친구, 교회만 잘 다니는 사람이었습니다. 제가 해 온 기도대로라면, 저는 그리스도의 향기 나는 사람으로 남들이 부러워하고 내 삶의 열매를 통해 친구들이 전도되어야 하는데, 오히려 저는 주변 사람들에게 측은지심의 대상이었습니다. 돈 많이 벌 욕심으로 다단계에 빠져 많은 빚을 진 이후로 재정이 풀리지 않아 고민하던 중, 17여 년 전에 방송과 세미나로 크리스천 재정관리와 재정상담을 해 주셨던 신상래 목사님이 문득 생각나서, 목사님의 저서인 《온전한 십일조》라는 책을 책장에서 찾아 다시 읽고 신상래 목사님은 지금 뭐하시나, 아직도 대전 한마음교회 담임목사님으로 사역하고 계시면 찾아뵐 생각으로 인터넷을 찾아보니, 크리스천 영성학교에서 기도훈련 사역을 하고 계셔서 왜 전공이 바뀌셨는지 사연도 궁금하고, 내가 갈망하던 기도훈련도 해 주신다길래 반갑기도 하고 신기하기도 해서 휴가를 내고 순종적인 후배와 함께 찾아가 뵈었습니다.

초록이 물든 7월의 영성학교 전경이 한눈에 들어오고 함박웃음이 멋지신 목사님을 뵙고 나니, '하나님께서 나의 기도를 들으시고 이곳으로 인도하셨구나.'라는 생각이 들어 '이젠 살았구나.'를 외치며 천재지변이 없는 한 빠지지 않고 기도훈련에 인생을 갈아 넣었습니다. 무엇보다 저는 허약체질로 모든 신체 기능이 약하여 이유 없는 실신을 자주 하여 버스도 못 타고 집안살림도 못 하였는데, 영성학교에서 기도훈련을 하면서 밥도 잘 먹게 되고 38kg이었던 몸무게가 5kg이나 늘어 43kg이 되었습니다. 맛있는 짬뽕이나 라면을 먹으면 배탈이 나서 못 먹었는데 잘 먹게 되고, 기도훈련 이후 1년이 넘도록 한 번도 쓰러진 적이 없었습니다. 좀

기도로 고질병과 불치병이 치유된 113人의 체험담

더 확실히 하고 싶어서 건강검진을 해 보니 공복혈당이 110 이상으로 당뇨 전 단계였는데 80 이하로 정상이 되었고, 오래된 빈혈로 철분제를 먹어도 오르지 않던 빈혈수치가 7에서 14로 올라 있었고, 비타민 D 수치가 8 이하였는데 45ng로 정상이었습니다. 축출기도를 하면 당뇨 및 혈액도 치료된다는 목사님의 말씀을 더욱 신뢰하게 되었습니다.

알 수 없는 실신으로 바깥출입이 겁이 났던 때가 언제였는지, 지금은 하나님께서 창조하신 자연환경의 푸르름과 웅장함을 만끽하며 천안과 충주를 오가며 기도에 집중하고 있습니다. 더 감사한 일은 골골대는 아내가 이번엔 어떤 곳에 빠져 있는지 걱정이 되어 영성학교를 염탐하러 왔던 남편이, 목사님의 코칭 말씀을 듣고 개과천선하여 지금은 저보다도 더 이 기도훈련을 귀하게 여기고 아침 인사로 "나를 영성학교에 데려가 줘서 고마워요."라며 행복한 인사를 나누고, 날마다 서로의 연약함을 격려해 주며 중보해 주는 아름다운 가정으로 성장해 가고 있습니다. 이 기도는 진짜입니다. 기도훈련으로 행복해지는 건 기본이고 어제보다 오늘 더 많이 하나님을 사랑하게 됩니다. 우리 부부의 최종목표는 정예용사입니다. 할렐루야!

93

질병도 문제였지만 더 심각한 문제는
바로 '나' 자신이었습니다

직업군인이 꿈이었던 저는 6년 4개월의 군 생활을 대위로 전역하고, 중견그룹과 외국계 회사에서 승승장구하면서 목이 뻣뻣해지고 자기 의와 교만이 하늘을 찌르는 30대를 보냈습니다. 30대 후반 사업을 해야겠다는 생각으로 정말 괜찮은 외국계 회사를 사직하겠다고 아내에게 일방적으로 통보하면서 아무 준비도 없이 사업을 시작하였습니다. 그렇게 6~7년 정도 사업을 하면서 얻은 결과는 과다채무와 질병(공황장애, 고혈압, 고지혈증, 안구건조증)뿐이었습니다. 각종 질병으로 종합병원에 정기적으로 다니면서도 술과 담배를 매우 좋아하는 무식한 사람이었습니다.

2011년 7~8월 어느 날 담배 연기를 도저히 맡을 수 없어서 담배를 쓰레기통에 버리게 되었으며, 시작하면 쓰러질 때까지 마시던 술도 도저히 입에 댈 수가 없어지면서 자연스럽게 끊게 되었습니다. 같은 해 11월 둘째 주 금요일에 지인이 하시는 교회 사모님께서 "오늘 금요기도회에 오시면 어떻겠느냐?"고 하시기에 참석하였는데, 바로 그날 전혀 알지 못

기도로 고질병과 불치병이 치유된 113人의 체험담

했던 성령을 뜨겁게 경험하게 되었고, 하나님의 존재감을 처음으로 생생하게 경험하게 되었습니다. 교회를 제대로 다녀 본 적이 없었던 저로서는 그때까지 성경을 읽어 본 적이 없었으며, 기도도 어떻게 하는지 전혀 알지 못했습니다. 그 사건 이후 시간이 흐르면서 4가지 질병이 완전하게 치유되었다는 사실도 깨닫게 되었습니다. 8~9개월 후인 2012년 6~7월쯤 신상래 목사님과 임영신 사모님을 처음으로 만나 뵙게 되었고 자연스럽게 한마음교회 1호 가정이 되었습니다. 얼마 후 제 몸에서 나타나는 현상 때문에 두 분께서 매일 20~30분씩 3주간 축출기도를 하였지만 귀신들이 나가지 않자, 성령님께 여쭈어보니 "훈련이다."고 말씀하셨다고 이야기를 해 주셨고, 또한 사모님께서 저에 대해 꾸신 '백사(뱀)' 꿈 이야기도 해 주셨습니다. 악한 영에게 사로잡혀 있는 전형적인 모습이었는데도, 영적 세계에 대해 전혀 기초가 없는 제게는 체감되지 않는 뜬구름 같은 이야기였습니다.

개인적으로 대학교와 학군단 직속 후배이면서, 교회 성도로서 담임하고 있는 목사님에게 2번씩이나 자기주장을 강력하게 이야기하면서 대드는, 그야말로 안하무인의 교만하고 패역무도한 놈이었습니다. 다음날 신목사님이 성령님께서 해 주신 말씀 "스승의 문지방을 넘는다. 절이 싫으면 중이 떠나야지 절이 떠나는 게 아니다."를 전해 주셨습니다. 하나님께서 저를 참 많이 사랑하신다고 하시면서 그 말씀을 곱씹어 보라고 전해 주셨습니다.

신목사님의 사역이 열리면서 충주까지 따라왔지만, 신목사님을 미워하는 마음이 점차 커지면서 주체할 수 없는 상황까지 이르게 되었고, 약 1년 정도 흘러갈 즈음에 말없이 충주 영성학교를 떠났습니다. 영성학교를 떠났지만 내 안에서 꿈틀대는 악한 영에게 절대로 질 수 없다는 굳은 결심으로 더 촘촘하게 기도하였습니다, 약 3년 정도 지나갔을 때 신목사님과 사모님 생각으로 밤마다 눈물의 회개기도가 많아지게 되면서, 아내에게 영성학교에 다시 돌아가야 할 것 같다고 이야기하게 되었고, 드디어 약 4년 만에 영성학교에 재입학하게 되었습니다. 이번 기회를 절대 놓치지 않겠다는 단단한 각오로 충주 영성학교 근처에 원룸을 얻었으며, 다니던 직장도 사표를 던지고 오직 기도하는 일에 매진하기 시작하면서 악한 영의 공격도 더욱 거세지기 시작했습니다.

2019년 2월 마지막 주 일요일에 머리가 너무 아파서 신목사님께 SOS 문자를 드리게 되었고, 3월 첫 주부터 축출기도를 받게 되면서, 악한 영에게 전면전의 영적 전쟁을 강하게 선포하고 전심으로 혹독하게 하나님을 찾기 시작했습니다. 약 1년 정도 훈련하면서 5~6회 정도 머리가 빠개질 정도의 극심한 고통, 그리고 극도의 복통이 수반되는 설사와 식은땀으로 화장실 바닥에 쓰러지기까지 하였습니다. 하지만 그것은 지난날 내가 자행한 죄로 인해 악한 영의 포로로 살아오면서 형성된 악한 결과물이었다는 것을 깨달았기에 흔들리지 않고 악한 영과의 영적 전장 속으로 더욱 과감하게 나 자신을 내던졌습니다. 그렇게 영성학교에 재입학하여 약 3년 8개월의 제대로 된 기도훈련과 악한 영과의 치열한 전투를 하면서 하나님께서 다음과 같이 나를 행복하게 변화시켜 주셨습니다.

첫째, "나사가 빠진 것 같다."는 아내의 농담, "옛날처럼 눈 레이저를 쏴 봐라."는 아들의 농담이 싫지 않습니다.

둘째, 세상의 창문보다 하늘 문을 바라보면서 시선을 하나님께 고정하는 것이 너무 좋습니다.

셋째, 하루를 예수님 생각으로 빼곡하게 채워 가면서 하나님을 찬양하며 예수님의 십자가와 보혈을 묵상하는 것이 너무 행복하고 좋습니다.

넷째, 자기부인을 할 수 있는 능력을 주신 하나님께 너무 감사합니다.

다섯째, 영성학교 동역자로서, 선임 코치로서 훈련생을 섬기는 것이 행복합니다.

여섯째, 대전 영성학교에서 월요일~토요일까지 기도훈련을 위해 매일 또는 원하시는 요일에 오시는 식구들과 함께 기도훈련을 하면서 섬기는 것이 너무 행복합니다.

하나님께서 원하시는 때에 사용하실 수 있도록 하늘 아버지의 화살통에 남아 있는 마지막 화살이 되고 싶은 마음으로, 오늘도 행복한 미소를 지으며 기도의 자리로 나아갑니다. 마지막으로, 영성학교와 기도훈련의 자리로 불러주신 하늘 아버지께 감사와 찬양을 올려드립니다.

94

우리 가족을 눈동자처럼 지켜주신 하나님께 감사드립니다

저는 어렸을 때부터 명절 때나 여행 등으로 우리 집이 아닌 다른 곳에 가면 배탈이 나고 피부에 진물이 나서 딱지가 생기고 흉터가 남는 물갈이를 했다고 합니다. 고등학생 때는 얼굴에 화농성 여드름으로 유명한 약국과 피부과에 다니기도 했습니다. 그리고 영성학교 기도훈련을 받으면서 얼마 안 되어 팔뚝 안쪽에 대상포진이 와서 항생제를 처방받았지만, 구토와 설사 등 심한 부작용으로 1~2일 먹다가 안 먹고 그냥 기도했는데, 어느 순간 통증이 없어지고 아프지 않아서 감사했습니다. 몇 년이 지나고 다시 배 주위에 대상포진이 왔는데 이번에는 병원에 가지 않고도 금세 나았습니다. 어느 날은 엄지발가락이 너무 가려워서 무좀인가 했는데 자세히 보니 발가락 안쪽으로 수포가 올라와 있었습니다. 양쪽 발가락 모두 얼마나 가려웠는지, 이게 뭔가 찾아보니 한포진이란 질환으로 면역력이 떨어지면 발병하는 질환이었습니다. 집에 있는 연고를 발라도 그때뿐이었고, 나아졌다가 또다시 생기기를 수차례 반복했는데 지금은 깨끗하게 없어졌습니다.

기도로 고질병과 불치병이 치유된 113人의 체험담

다음은 아이들 사례를 말씀드리겠습니다.

첫째 아이가 10살 때 영성학교에 와서 훈련을 시작했는데 지금은 고등학교에 다니고 있습니다. 너무 산만하고 주의집중도 안 되고 친구 관계도 원만하지 않았는데, 지금은 절친도 생기고 성격이 밝아지고 친구들과 원만하게 잘 지내고 있습니다. 학교 선생님께서도 학교생활을 잘하고 있다고 말씀해 주셨습니다. 아이도 학교 다니는 것을 즐겁게 생각하고 있고 진로에 대해서도 같이 고민하고 있으며, 기도훈련에도 자발적으로 임하고 있습니다.

둘째가 3학년 때 울산으로 전학을 왔는데 학교에서 같은 반 여자아이로부터, 우리 아이가 죽었으면 좋겠다는 저주의 말을 듣고 와서, 엄마인 제게 그대로 전달해서 고작 10살짜리 입에서 그런 말이 나왔다는 게 너무 놀랍고, 그 아이의 영혼이 불쌍해서 기도했던 적이 있었습니다. 그 후로 한 번도 같은 반이 안 되었다가 중학교 1학년 때 다시 같은 반이 되었는데, 그 친구가 먼저 미안한 상황도 아닌데 갑자기 미안하다고 얘기했답니다. 그 사건을 잊은 줄 알았는데 기억하고 있었다고 합니다. 1학년 내내 서로 단짝으로 지내다가, 2학년인 지금도 같은 반이 되어 절친으로 지내고 있고, 얼마 전에는 초등학교 때 그랬던 일을 다시 한번 사과했다고 합니다. 우리 애가 착한 척을 한다고 생각해서, 그때 그랬었다고 마음도 솔직하게 털어놓는 사이가 되었습니다. 아이들의 관계도 회복시켜 주신 하나님께 찬양드립니다.

저희 막내는 5살 때 기도훈련을 시작했는데, 한 번은 집에서 언니 오빠와 놀다가 팔이 삐끗했는지 아니면 빠졌는지 너무나 고통스러워하면서 엉엉 울길래, 정형외과 가기 전에 기도하고 가자고 누워 있는 아이의 팔을 잡고 기도했습니다. 기도가 끝나자 아이가 일어나더니 이제 괜찮다고 다시 신나게 놀아서 좀 의아했던 경험도 있습니다. 그 외에도 열이 나서 예수 피 기도를 함께 했을 때 열이 떨어지는 경험을 몇 번이나 했습니다.

우리 가족을 사망의 음침한 골짜기에서 끌어내셔서 생명의 길로 인도해 주신 하나님께 감사와 찬송을 드립니다. 하나님께서는 찬송과 영광과 경배를 받으시기에 합당하신 분이시고 저의 입술로 매 순간 찬양드리기 원합니다.

95

우리 아이가 확 달라졌어요

저희 아이는 어렸을 때부터 친구들과 잘 어울리지 못하고, 자신의 세계에서 동일한 생각과 행동을 반복하는 특징을 갖고 있었습니다. 이러한 모습으로 인해 학교에서도 아이들의 따돌림이 있었고, 그러다 보니 자신을 괴롭히는 사람들에 대한 분노로 조금만 감정이 상해도 화를 내는 때가 많았습니다. 또한 수업시간에 집중하지 못하고 상대방의 얘기도 잘 듣지 못했습니다. 초등학교 2학년 때 해외로 오게 되었고, 이러한 모습은 더 심해져 미국 학교에 다녔음에도 초등학교 6학년이 될 때까지도 영어를 잘하지 못하는 상황이었습니다. 작년에 영성학교를 알게 되어 기도를 시작한 후 조금씩 집중하기 시작했고, 공부를 해야 된다는 것도 스스로 인식해 가고 있습니다. 특히 기도하면서 가장 많이 변한 것은 감정이 상했을 때 극도로 짜증을 내는 모습이 거의 사라졌습니다. 이제는 부모가 시키는 것에 순종해야 함을 인식하고 일을 시킬 때마다 반항 없이 모든 것을 하려고 하는 모습으로까지 변화되었습니다. 그동안 뒤처진 학습으로 인해 아직 같은 학년의 학생들과 같은 지적 수준을 보이고 있지는 못합니다. 그러나 스스로 공부하고 집중하며 부모의 모든 말에 '예.' 하고 순종하는 모습을 보며, 어린아이라 할지라도 영성학교 기도 훈련을 하면 붙잡고 있던 귀신들이 나가면서 많은 회복이 일어남을 직접 경험하고 있습니다. 어렸을 때부터 하는 기도의 습관이 한 영혼을 살릴 수 있음을 체감하며 영성학교 기도훈련을 통해 역사하시는 하나님께 영광 올려 드립니다.

96

안압으로 저하된 시력을 되찾게 하시고,
천식을 고쳐 주신 하나님께 영광을 돌립니다

영성학교에서 기도훈련을 하면서 다양한 귀신들의 증상들이 나타났습니다. 저는 늘 가슴 밑바닥에 불안이 깔려 있는 것처럼, 무슨 일을 하려고 하면 현기증이 나고 불안감이 들어오곤 했는데, 기도하면서 지금은 너무 평안합니다. 그리고 이 평안은 귀신들이 공격할 때 싸울 수 있는 원동력이 되었습니다. 저는 배려심도 부족하고 자기중심적인 사고와 부정적인 생각이 가득하며, 안과 밖이 매우 경직된 사람이었습니다.

이 기도를 하면서 머리가 많이 혼미하였고 머리에 무슨 커다란 돌덩이를 올려놓은 것처럼 기도만 하려고 하면, 그 누르는 힘에 의해 기도를 할 수가 없을 만큼 힘이 들었습니다. 목사님의 축출기도를 받고 그 머리를 짓누르던 귀신들이 나가고 나서, 이번에는 눈의 안압이 올라가서 실핏줄이 터졌습니다. 병원에서 2번 수술을 해야 한다고 했는데, 1번 하고 무서워서 두 번째는 미루고 기도만 하고 있었습니다. 눈의 초점이 안 맞고 좀 멀리 있는 물체는 2개로 보이기도 했지만 무시하고 기도만 했습니다. 그날도 영성학교에서 축출기도를 하고 안경을 찾는데 깜빡하고 안 가져와서, 목사님 코칭은 목소리만 들어야겠다고 생각했습니다. 한쪽 눈으로 목사님을 보고, 내 앞쪽에 성도님이 앉아 있어 겨우 한 눈으로 보고 어쩌다 왼쪽 눈으로 목사님을 보니 보이는 겁니다. 그래서 오른쪽 눈을 가리고 왼쪽 눈으로 보니 정말 보이는 겁니다. 할렐루야! 또한 늘 허약체질로 하루 몸을 피곤하게 하면 다음 날은 오후까지 누워 지냈는데, 갱년기인 요즘은 젊은 날보다 더 건강해진 것 같습니다. 또 수년간 남편을 괴롭혔던 지독한 천식도 하나님께서 치료해 주셔서 지금은 정상인의 80%까지 완치가 되었습니다.

지난날 나는 무엇을 바라고 기도했던 사람인데, 이제는 나를 지으신 하나님 그분 자체를 구하는 자로 변화시켜 주셨습니다. 하나님을 부르는 기도는 정말 놀라운 힘이 있음을 고백합니다.

기도로 고질병과 불치병이 치유된 113人의 체험담

97

유방암으로 꺼져 가던 목숨과 영혼을
살려 주신 하나님

눈 오는 12월 어느 날, 초등학교 3학년, 6학년 두 남매를 시어머니께 맡기고 고속도로를 달렸습니다. 문막쯤 가서 남편은 "당신, 어디 가고 싶은 데 있어?"라고 물었습니다. '죽기 전에 마지막으로 가고 싶은 데 말해. 소원 들어줄게.'라는 의미였습니다. 그리고 2시간 후 얼굴에 닿는 건조함이 참 싫다는 생각을 하며 캐리어를 끌고 병원 복도를 뚜벅뚜벅 걷고 있는데 심드렁 그 자체였습니다. 앞서가는 남편도 병실을 찾으며 걸을 뿐 서로 말이 없었습니다. 성수대교가 보이는 12층 병실 침대에 올라앉아 '뷰가 기가 막히네.'라고 생각했지, 앞으로 일어날 엄청난 육체의 시련을 실감하지 못했습니다. 심지어 친정 식구들에게 이걸 어떻게 알려야 할까? 하는 고민에도 무심했습니다. 남의 일처럼 아무 감정도 일지 않았습니다. 9층에 입원 중인 큰오빠를 만나 "내일 나는 유방암 수술해요."라고 말하려 아픈 사람한테 걱정의 짐을 더 안기는 것 같아 좀 미안한 마음 그 정도였습니다. 그렇지만 막상 서로 환자복을 입고 마주하니 할 말을 잃고 서로 고개만 숙이고 있었습니다. 그때 오빠의 눈빛을 잊을 수가 없습니다. 그리곤 다음 날 깨어 보니 가슴 하나가 없어졌습니다. 수술

후 4주가 지나서도 볼 수가 없었습니다. 아니, 볼 자신이 없었습니다. 괴물 같은 내 몸….

그리고 정신없이 항암이 시작되었습니다. 손가락으로 머리를 빗으면 한 움큼씩 힘없이 뽑히는 긴 머리카락을 비닐봉지에 담아 쓰레기통에 버리며 미리 삭발하지 못한 것을 후회하기도 했습니다. '그다음에는 또 어떤 형벌이 기다리고 있는 거지? 왜 나만이냐고!' 하며 독기로 가득 차서 이를 빠득빠득 갈았습니다. '살려 주세요.'라며 발버둥치기보다 '의사 선생, 하고 싶은 대로 마음대로 해. 난 더 이상….' 하고 체념했습니다. 반짝이며 대롱거리는 주사바늘 끝이 나를 비웃는 듯했습니다. 아버지, 큰언니, 큰오빠 그다음은 나인가? 이런 생각을 하며 텔레비전에서 나오는 노무현 대통령의 자살 소식을 물끄러미 바라보면서 침대에 누워 5월의 오후 햇살을 받으며 죽은 자의 자세를 해 보았습니다. 밤마다 기분 나쁜 통증을 어떻게 할 수가 없어 잠 못 이루는 날이 부지기수였습니다. 아파서 절절매는 나를, 일 마치고 돌아온 남편은 피곤함에도 불구하고 쓰다듬고 또 쓰다듬기를 내가 잠들기까지 해 주었습니다. 그 세월이 주마등같이 스쳐 지나갑니다.

그리고 1년 후 어느 날 다니던 교회 부목사님의 전화를 받았습니다. 부활절 칸타타 내레이션을 부탁하는데 막달라 마리아 역할을 해 달라는 내용이었습니다. 그런데 그때까지 안 나오던 눈물이 펑펑 쏟아지며 "하나님 잘못했어요. 용서해 주세요. 하나님 없이도 살 수 있다고 생각했어요. 내 힘으로 열심히 노력했더니 이제 살 만하고 인정받는 게 너무 달콤해서 하나님보다도 더 좋았어요. 하나님 용서하여 주세요. 하나님 저 살려 주세요. 더 살고 싶어요. 하나님 아니면 안 돼요. 하나님 어떻게 하면 돼요? 알려주세요."라고 기도하였습니다. "저 집사 암 걸렸대."라고 뒤에서 수군대는 교인들 사이로 맥없이 왔다 갔다 하다 영성학교를 알게 되었습니다. "착하다고 다 천국 가는 거 아닙니다!"라는 신목사님 말씀을 들으면서 고리타분한 내 의식에 금이 쫙 그어지듯 의식의 전환이 시작되었습니다. 또한 온 힘을 다하여 전심으로 하루 종일 빡세게 하는 영성학교의 기도방식은 매우 성경적이라고 생각했기에 마음에 쑥 들어와 박히기 시작했습니다.

남 의식하며 살던 저는 어차피 죽을 인생 하나님이 다시 한번 기회를 주셨다는 확신을 갖고, 뒤에서 수군대든 말든 아랑곳하지 않고 다니던 교회를 미련 없이 그만두었습니다. 그리고 '영성학교 사람들과 천국에 가든지 아니면 같이 지옥 가든지 둘 중 하나겠지.' 하며, 죽으면 죽으리라는 심정으로 목사님 시키는 대로 하였습니다. 목요일부터 주일까지 하루도 빠짐없이 축출기도 시간에 간절히 기도했습니다. 정말 쉽지 않았습니다. 왜냐하면 저의 일상은 정상이 아니었기 때문입니다. 힘이 없어 아무 것도 못하는, 도무지 뭘 할 수가 없는 상태였습니다. 식은땀이 흐르고 몸이 절절대고 가만히 있어도 기운이 쫙쫙 빠지는 느낌이었습니다. 식사 준비를 하다가 드러눕기를 참 많이 반복하며 삶을 근근이 이어가고 있던 터였습니다. 신경질이 나서 견딜 수 없어 늘 짜증을 달고 살았습니다.

그런데 "예수 보혈 공로 의지하여 명하노니 더러운 귀신아 나가라!"라고 기도했는데 짜증이 안 나고 마음이 평안해지면서 몸에 힘이 생기기 시작했습니다. 급기야 약을 다 끊게 되고 정상인처럼 빠르게 회복되었습니다. 기적이었습니다. 제가 두 발을 땅에서 떼어 뛴다는 것은 로켓을 발사하는 것만큼이나 어려운 일이었습니다. 줄넘기 한 번 넘기지 못했으며, 한 발로 서 있는 건 더더욱 안 되었던 제가 그게 되기 시작했습니다. 축출기도의 위력을 그때 알았습니다. 축출기도는 하나님을 내 안에 모실 수 있게 나를 정결하게 합니다. 또한 귀신들이 축출되니 육체의 강건함도 이루어집니다.

입원 동기들의 소식을 들어보면 다른 데 암이 전이되어 이 세상 사람이 아니든지, 이 병, 저 병으로 병원을 옮겨 다니면서 전전긍긍하며 가족끼리 원수 되어 사는 이들이 대다수였습니다. 하나님 이름을 소중히 부르며 성령내주 기도하고, 예수 보혈 의지하여 죄 된 생각과 싸우며 하나님이 나의 전부인 삶을 살았더니, 밀려 있는 환자들 때문에 바빠 죽겠는데 라는 표정으로 "이분은 왜 진료받는 거지?"라는 의사의 말에 뻘쭘했던 기억이 납니다. 그 후로 더 이상 병원에 오지 않아도 된다는 의사의 말을 듣고 너무 기뻐 제일 먼저 남편에게 전화했던 기억이 지금도 생생합니다. 신기한 것은 지금까지 감기 한 번 안 걸리고 기도하며 살고 있습니다. 감기 기운이 있을 때도 예수 보혈 의지하여 기도하면 싹 사라지는 은혜도 누리면서요. 할렐루야!

육체의 질병보다도 더한 것이 마음의 병인데, 금방 터질 듯한 활화산 같은 마음도 만져 주셔서 성령께서 주시는 평안과 기쁨과 자유함은 세상이 주는 것과 다르다는 것도 알게 되었습니다. 가장 신기했던 것은 그렇게 질기고 질겨 떨어져 나가지 않아 괴로웠던 미워하는 마음과 남을 헐뜯지 않으면 살아도 사는 것 같지 않았던 제가, 하나님 기뻐하는 삶을

기도로 고질병과 불치병이 치유된 113人의 체험담

살려고 매일 기도하며 살고 있다는 것입니다. 전적인 하나님 은혜입니다. 하나님, 하나님 정말 감사드립니다. 영성학교를 세워 주신 하나님, 참 좋으신 하나님께 영광 올려드립니다. 덤으로 주신 인생, 오직 하나님 기뻐하는 영혼구원하는 일을 하다가 주님 나라로 가길 원합니다.

98

극심한 편두통을 치유하시고 목숨을 잃을 뻔한 사고에서 건져 주신 하나님

저는 영성학교 기도훈련을 받기 전까지 후두 편두통이 심했습니다. 편두통은 현대사회를 살아가는 누구나 경험할 수 있는 흔한 질병으로 알려져 있었습니다. 공휴일이나 주말이 되면 아침부터 두통이 심해 가벼운 스트레칭과 운동을 하면 나아지는 것 같으면서도 없어지지 않았고, 회사에 가면 편해질 것 같다는 생각을 자주 했습니다. 긴장과 스트레스로 오는 것 같은데, 그냥 그런대로 지내고 있었습니다. 영성학교 기도훈련 초기에는 기도에 대한 압박감과 부담으로 스트레스를 받았고, 영성학교에서 기도훈련을 마치고 장시간 운전해서 오면 더 심해지는 느낌이었습니다. 성령내주 기도훈련을 계속 이어가면서, 예수님께서 보혈을 흘려 주신 것에 감사하며 기도를 지속했는데 신기할 정도로 언제 아팠냐는 듯이 편두통이 완전히 사라졌습니다.

영성학교에서 훈련을 이어가고 있는 중, 회사에서 일을 하다가 지게차에 치이는 사고가 발생했습니다. 회사 내 사거리 코너에 팔레트가 적재된 짐이 있었기에 좌측 도로에서 지게차가 오는 것을 보지 못했고, 지게차 운전기사도 저를 보지 못한 채 지게차는 빠른 속력으로 다가오고 있었습니다. 지게차가 제 몸에 거의 근접했을 때, 알 수 없는 어떤 힘이 몇 초 정도 제 몸을 움직일 수 없게 만들어 지게차 앞으로 몸이 더 나가지 못하도록 막아 주었습니다. 조금만 더 앞으로 나갔더라면 목숨을 잃을 뻔한 위험한 상황이었습니다. 귀신은 저를 죽이고 멸망시키려 했지만, 하나님께서 살려 주셨습니다. 위급한 상황은 모면했지만, 발등이 지게차에 깔리면서 발등뼈가 부러져 2개월 동안 입원 치료를 하게 되었습니다. 응급실에 실려 갔을 때 의사는 "손상 부위가 괴사될 수 있다. 수술을 할 수 없는 상황까지 갈 수 있다."고 했습니다. 계속 괴사 되지 않도록 기도드리며 하나님의 치료하심을 믿고 기도하는 가운데, 1주일 후에 뼈를 고정하는 핀을 박는 수술을 하게 되었고, 뼈가 잘 붙어 6개월 후에 핀을 제거하는 수술까지 잘 마무리되어 정상적인 회사생활을 하고 있습니다. 7년 동안 영성학교 성령내주 훈련을 이어오고 있는 가운데, 크고 작은 은혜와 치유를 경험케 하시는 하나님께 영광과 찬양과 감사를 올려 드립니다.

99

선천성 심방결손, 심장 압박, 인대파열, 무기력증을 치유하시고 악령의 공격에서 자유하게 해 주신 하나님

저는 선천성 심방결손으로 40년을 고생한 기도훈련생입니다. 하나님께서 좋은 의사를 보내 주셔서 수술로 걸레 같은 심장을 깨끗하게 고쳐 주셨습니다. 또 수술 후에 생긴 원인 모를 잔병들을 기도훈련 가운데 고쳐 주셨습니다.

1) 평소에 그냥 있어도(수술 전에도) 가슴이 답답하고 조금 지나면 괜찮아지는 증상이 간간이 있었고 수술 후에도 그런 증상은 없어지지 않았습니다. 병명은 모르지만 그래도 수술 전보다는 조금 살기가 편해졌습니다. 기도할 때는 숨을 길게 쉬지를 못했고 가슴 압박이 장난이 아니었습니다. 하지만 하나님 부르는 기도를 하면서 소리 소문 없이 사라졌습니다.

2) 악한 영들이 시신경을 조종해서 운전할 때면 중앙선이 2줄로 보이고 길도 좁게 보이고 시야를 어둡게 만들곤 해서 항상 조심해서 운전해야 했습니다. 특히 고속도로를 운전하면서 기도할 때면 코와

기도로 고질병과 불치병이 치유된 113人의 체험담

귀가 꿈틀대며 여러 증상이 나타났습니다. 그때마다 하나님을 부르고 예수 보혈을 의지하면서 계속 기도했고, 어느새 증상이 사라지는 것을 체험했습니다.

3) 일을 하고 피곤해지면 갑자기 기운이 없고 식은땀이 나고 허기가 지는 증상이 있었습니다. 무슨 병인지 알지도 못하고 건강검진을 해도 특별한 원인이 나오지 않았습니다. 기도할 때도 가끔씩 같은 증상이 나타나면 기도를 중단하고 쉬곤 했습니다. 크지도 않은 잔병들이 신경 쓰이게 할 때면, 다시 기도 자리에 앉아 하나님을 불렀고 역시 해결해 주셨습니다. 역시 답은 기도입니다. 하나님을 찬양합니다.

4) 작년 여름 인대파열로 어깨가 아파서 잘 움직이지 못하고 기도 자세만 겨우 할 수 있었던 때가 있었습니다. 그래도 마음은 크게 요동치지 않았고 그때 장애가 있는 아내를 돌보는 일도 겨우겨우 요령껏 했습니다. 그래도 기도 자리를 계속 지켰고 축출기도 때 중보기도를 부탁했습니다. 그리고 1달 만에 치유되었습니다. 고쳐 주신 하나님께 감사드립니다. 그리고 등 뒤에서 중보기도 해 주신 코치님께도 감사드립니다.

하나님 이름을 부르고 예수 보혈만 의지했는데 놀라운 일들이 일어났습니다. 하나님 이름을 천 번을 부르고 만 번을 불러도 또 부르고 싶고 찬양과 감사가 절로 나옵니다. 이 기도를 지도해 주신 목사님과 사모님,

그리고 저희 가정을 위해 기도해 주신 모든 분들께 감사를 드립니다. 하나님 찬양합니다.

만성 신경성 위염과 소화불량에서 해방시켜 주신
하나님께 감사드립니다

저의 만성적인 신경성 위염과 식체 증상은 30년 가까이 되었는데, 병원에 가서 내시경을 1~2년에 1번씩 하고 치료약을 처방받아 복용하면 약 먹을 때는 좀 괜찮은 것 같은데 호전되지 않았습니다. 또한 여러 가지 민간요법으로 느릅나무, 옻닭, 한약재 등이 위에 좋다고 해서 끓여 먹어 봤지만 나아지지 않아서 포기 상태로 살았습니다. 음식을 즐기면서 마음껏 먹는 즐거움이 없어진 게 큰 아쉬움이었습니다. 특히 고기를 먹어야 하는 식사 자리에 초대를 받으면 많이 불편했습니다. 소화제도 자주 복용했고 체할 때마다 손끝과 발끝을 바늘로 따는 게 너무나 아파서, 한때는 고기 섭취를 금하기도 했습니다.

세월이 갈수록 살과 근육이 많이 빠져서 기운이 없어 집안일도 하다가 쉬었다 하곤 했고, 교회 봉사도 버겁게 겨우겨우 하고 있었습니다. 예전에 알던 권사님께서 그런 저를 안타깝게 여기셔서 영성학교의 기도훈련을 권하셨고, 그렇게 기도를 시작한 지 3개월이 조금 넘었습니다. 지금은 소화가 잘되어 고기도 조금씩 먹다가 양을 늘려서 섭취하는 중이고,

무엇보다 마음이 예전보다 많이 편안해졌습니다. 주위에서도 생기가 더 있어 보인다고 좋아하십니다. 이 기도를 할 수 있도록 도와주신 모든 분들께 감사드리고, 하나님께 영광을 올려드립니다.

101

만성 축농증과 코 시큰거림을 치유해 주신 하나님

저는 갓난아이 때 백일해로 죽을 줄 알았는데 살아났다고 합니다. 그 영향인지 중고등학교 때 축농증이 있었는데, 어렵게 살던 시절이고 건강보험제도도 없던 때라 병원 치료를 받지 못했습니다.

추울 겨울에 코를 이불 밖으로 내놓고 잘 수 없을 정도로 코가 시큰거려서 항상 두꺼운 이불속에 얼굴을 파묻고 잤는데, 자다가 이불을 덮지 않는 상황이 되면 여지없이 코가 시큰거려 잠에서 깨어났습니다. 어느 정도 세월이 지난 뒤에는 마스크를 1/3로 접어서 코만 덮은 상태로 잠을 잤습니다. 식사할 때도 얼마나 콧물이 흐르는지 항상 화장지로 코를 닦으면서 식사를 해야만 했습니다.

이 기도훈련을 하면서, 어느 날 보니까 이불을 덮지 않고 마스크도 하지 않고 잠을 자고 있었고, 식사할 때에도 콧물이 흐르지 않았습니다. 일상생활에서 불편함이 사라지니 참으로 감사합니다. 하나님께서 베풀어 주신 은혜에 감사드립니다.

102

강박증과 치주질환을 '덤'으로 고쳐 주신 하나님

저는 26살에 영성학교에 왔으며, 치유에 대한 기대는 없이 왔습니다. 그저 외삼촌께서 신앙적으로 떠돌아다니던 제게 자신 있게 소개시켜 준 곳이라 기도훈련이 무엇인지 배우러 왔습니다. 그럼에도 덤으로 몇몇 질병을 고침 받았습니다.

먼저 영성학교에 온 지 3개월쯤 되었을 때, 외삼촌께서 제가 나이에 비해 심각한 치주질환으로 고통받고 있음을 알고 목사님께 축출기도를 의뢰해 주셨습니다. 저는 어렸을 적부터 치아가 좋지 않았습니다. 20대에 들어서는 신경치료는 물론이고 잇몸에 고름이 꽤 있었고, 잇몸뼈가 녹아 뼈 이식을 2차례 받았으며, 치아 재식술을 받기도 했습니다. 병원에 열심히 다니더라도 다시 병원에 가는 일이 늘어나고 질환도 깊어지다 보니 신경치료를 포함한 여러 의료 행위에 대한 불신도 차차 쌓여 갔습니다. 그러나 축출기도를 2019년도 11월에 시작하여 2020년도 3월경에는 잇몸에 있던 농루가 모두 사라졌으며, 뼈 이식을 받거나 재식술을 받은 경험도 없습니다. 마음 졸이지 않아도, 내 한 몸 내가 지키려 고군

분투하지 않아도 안전하고 편안하게 살 수 있다는 안정감을 느꼈던 기억이 납니다.

두 번째로 지시형 강박증이 사라졌습니다. 강박증은 2018년도 5~6월경에 시작되었습니다. 시험 기간에 어떻게 하면 1분이라도 강의실에 빨리 이동할까? 고민하던 평범한 어느 날, 머릿속에 '왼쪽', '오른쪽' 글자가 떠올랐습니다. 글자를 무시할까? 생각하다가도 점차 머릿속 글자를 따라서 행동할 때 마음이 편했고 글자는 '왼쪽으로 가라', '오른쪽으로 가라'로 변했습니다. 그러다 보니 이런 시각적 이미지가 불편해졌습니다. 저는 지시어의 반대로 행동하거나 그대로 행동하거나 간에, 지시어를 계속 의식했습니다. 영성학교에서 기도훈련을 시작하니 '하나님의 뜻대로 행동하려면'이라는 당위에 따라 문자가 시각적 이미지로 더욱 빈번하게 떠올랐으며, 한동안은 하나님의 뜻이 이건가? 하고 문자를 따라 행동하기도 했습니다. 결국 이 문제를 외삼촌에게 털어놓고 반대로 행동하려고도 했습니다. 정신질환은 저의 습관과 의지가 부분적으로 반영된 터라 고치는 데 시간이 더 많이 걸렸습니다.

강박증은 한 1년 반에서 2년 정도 지나니 사라졌습니다. 당시 이를 기도훈련 체험담으로, 2021년도 9월에 글도 올렸습니다. 다만 증상이 아닌 마음 상태, 스스로 마음 졸이고 하나님을 믿고 의뢰하지 않는 죄 된 습성과는 지금도 싸우고 있습니다. 저는 서두에 말씀드린 대로 병 고치기 위해서 영성학교에 온 것이 아니라서 질병이 낫길 기도하지는 않았습니다만, 하나님께서 '덤'으로 고쳐 주셨습니다. 각 질환을 고쳐 주셨을 뿐 아니라 이에 기여한 제 행동과 마음, 죄, 그와 관련한 과거를 위로해 주신 하나님, 결과적으로 하나님을 이전보다 더 신뢰할 수 있게 됨에 하나님 께 감사드립니다. 이 글을 읽으시는 분들도 좋으신 하나님을 만나실 수 있길 기도드립니다.

대인기피증, 우울증, 혼미함을
치유해 주신 하나님

저는 어렸을 때부터 잔병치레가 많았고 사람들과 잘 어울리지 못했습니다. 성인이 되어서 학교에서 추천해 준 회사에 들어갔어도 오래 다니지 못했습니다. 부모님께서는 매일 싸우셔서 집안이 조용할 날이 없었고, 가족들 모두 서로 냉랭하고 사랑이 없는 가정이었습니다.

지옥 같은 집에서 도망하듯 서둘러 결혼하였지만, 시댁에 이런저런 일이 터지면서 지옥의 삶이 계속되었습니다. 지금에야 알게 되었지만 우울증, 대인기피증, 머리가 멍해지는 증상은 사람 많은 데 가면 더 심해졌습니다. 허약체질이라서 그런가 보다라고 생각했을 뿐, 정신적인 문제라는 것을 몰랐습니다. 하루하루가 지옥 같아서 자살도 생각해 보았지만, 자살하면 천국 못 간다는 말 때문에 실행할 수가 없었습니다. 아이를 낳고 나서는 몸이 더 안 좋아져 집에서 누워 있는 시간이 많았습니다. 어느 권사님께서 기도원에 가 보자고 하셔서 가게 되었고, 그때부터 기도를 열심히 하게 되었습니다. 새벽기도도 다니고, 집에서 몇 시간씩 기도를 했습니다. 그때 귀신이 정체를 드러내기 시작했습니다. 뱀같이 머리를 좌우로 흔들고 내 입을 통해 말을 했습니다. 욕도 하다가, 순간 변해서 하나님처럼 자비로운 말도 했습니다. 교회 다니는 사람은 하나님께서 보호해 주셔서 귀신이 근접하지 못한다고 들었는데, 이게 어찌 된 것인지 놀라지 않을 수 없었습니다. 이것을 해결하고 싶어서 큰 기도원도 찾아가 보았지만, 사례금만 많이 요구하고 쉽게 나아지지 않을 것 같아서 몇 번 가다가 말았습니다. 그러다 유튜브를 통해 영성학교를 알게 되었고, 신목사님께서 귀신의 정체에 대해 말씀하시는데 내가 경험한 것과 너무 똑같아서 영성학교의 성령내주 기도를 시작하게 되었습니다. 귀신은 기도를 못 하게 아프게도 하고, 여러 증상들로 힘들게 하면서 방해했습니다.

그러나 지금은 우울증, 대인기피증, 멍해지는 증상들이 나아져서 사람들과의 관계도 많이 좋아지고, 불안한 마음 역시 많이 평온해졌습니다. 운전도 힘들어서 카풀을 하고 다녔는데, 지금은 밤 운전도 괜찮을 정도로 나아졌습니다. 영성학교에 오면 기도 집중도 잘되고 마음이 너무 평안하고 행복합니다. 영성학교로 인도해 주신 하나님께 영광을 올려드립니다.

위험하고 불행한 삶에서 벗어나 평안하고
행복하게 살게 해 주신 하나님

2022년 1월 10일, 영성학교에 전화하고 등록하여 기도훈련에 들어갔습니다. 삶과 영혼을 지배하고 있었던 모든 두려움이 사라졌습니다. 많은 빚을 지게 하면서 나를 지배하고 조종하고 있던 사람에게서 벗어나게 해 주셨습니다. 또한 머리가 깨질 듯이 아파서 병원에 가게 되었는데, 머리 MRI 사진을 찍은 결과, 혈관이 부풀어서 조금 늦었으면 터질 뻔한 것을 조기에 발견하게 해 주시고, 다행히 수술하지 않고 시술로 치료하게 해 주신 하나님께 감사드립니다.

집도 빨리 팔 수 있게 해 주셔서 그 돈으로 빚을 갚게 해 주시고, 다시 아담한 집을 구하게 해 주셔서 만족스럽게 살게 되었습니다. 딸, 동생들과의 불편했던 관계를 풀어 주셔서 지금은 화목하게 지내고 있습니다. 발 골절상으로 인해 시간 구애받지 않고 편안한 가운데 기도하게 하신 하나님, 이제 발은 다 나았고 감사하는 마음으로 하나님을 부르는 기도를 하며 평안함을 누리며 살고 있습니다. 이 모든 은혜를 주신 하나님께 감사드리고 영광을 올려드립니다.

원인 모를 각종 고통스러운 증상, 햇빛 알레르기, 눈의 가려움증, 결막염, 비염, 심한 코골이, 무호흡증을 치유해 주신 하나님

참 좋으신 하나님께 감사하고 감사한 마음을 담아, 그동안 꽁꽁 묶어두었던 하나님께 받은 은혜의 보따리를 조심스레 풀어보렵니다.

언제부터인지 아침에 일어나면 오른쪽 가운데 손가락이 굳어 있었습니다. 그러나 일상에 불편함이 없어서 수개월을 그냥 보냈는데, 좀처럼 좋아지지 않아 치료차 병원을 방문해 류머티즘성 관절염 외에 몇 가지 검사를 해 보았으나 결과는 이상 없음이었습니다. 그런데 다시 돌이켜 보니 2년여 전부터 일상생활에 지장이 있을 만큼 심하게 잊어버리고, 간단한 업무조차도 할 수 없을 만큼 심한 두통에 시달렸었습니다. 그러던 어느 날 갑자기 새끼손가락 근육이 빠지면서 새끼손가락이 얇아졌습니다, 어느 날은 양 손바닥이 모두 쪼그라들기도 하고, 어느 날은 양 손바닥이 지나치게 새빨개지기도 했고, 어떤 날은 손발이 차갑기도 했습니다, 이 차가움은 난생처음 느껴 보는 시려움이었습니다. 어느 날은 겨울 점퍼를 입었는데도, 점퍼 섬유 사이사이로 차가운 바람이 서서히 스며드는 것이 느껴지기도 하였습니다. 어느 날은 우측 등 근육만 빠져 좌우

균형이 맞지 않아 허리와 어깨가 아파 일상생활에 어려움을 겪기도 했고, 또 어느 날은 밥을 삼킬 수가 없었고, 어느 날은 변비가 심해지기도 했고, 어느 날은 온몸에 힘이 빠지기도 했습니다. 또 어느 날은 목소리가 전혀 나오지 않았고, 어느 날은 두 손으로 귀를 막고 소리 지르면 내 목소리만 크게 울리는 것처럼 기계음 소리만 크게 들리기도 하고, 어느 날은 시계 초침 소리만 크게 들리기도 했습니다. 어느 날은 운전 중에 자동차 달리는 소리만 크게 들려 운전을 멈춰야 하는 등, 믿기 어려운 일들이 반복적으로 일어나곤 했습니다. 그러다 보니 몸무게가 점점 빠지는 것을 매주 확인할 수 있었습니다. 어느 날은 머리끝에서부터 발끝까지 세포 하나하나가 두려움에 사로잡히기도 했습니다. 그것이 가장 두려웠습니다. 그건 지옥의 문턱이었습니다.

또 어느 날부터 몸에 우툴두툴하게 작은 두드러기가 올라왔고 가렵기까지 했는데, 살살 긁어 주면 가려움은 금세 가라앉았습니다. 그러나 갈수록 두드러기가 올라오는 횟수는 잦아지고 두드러기는 점점 커지고, 긁어도 시원해지지 않고 계속 가려워져만 갔습니다. 어느 정도 시간이 지나면 사라졌다가 다시 올라오고, 심지어는 두드러기가 올라오려고 하면 온몸이 따끔따끔하기까지 했습니다. 날이 갈수록 점점 심해지기에 어쩔 수 없이 피부과 진료를 받게 되었습니다. 의사 선생님은 원인을 알수 없는 두드러기로, 두드러기가 올라오기 시작하면 일단 약을 먹어야 한다며 약을 처방해 주었습니다. 치료약은 없고 두드러기와 가려움을 일시적으로 가라앉히는 약이었습니다. 기도하면서 약을 먹지 않고 그냥견더 보려고 애쓰다 보면, 머리끝에서 발끝까지 온몸에 두드러기가 올라와 마치 괴물처럼 보이기도 했습니다. 아무리 긁어도 계속 가려워서 '아, 이러다 사람이 미치는구나!'라는 생각이 절로 들었습니다. 성경 속의 욥은 어찌 견뎌냈을까? 욥의 고통과 고백이 이해되었습니다.

제 인생을 돌이켜 보니 도저히 용서받을 수 없는 악한 죄인이었습니다. 살아온 인생이 죄 말고는 없었습니다. 어찌 그리 죄만 짓고 살았던 지요. 그래서 '하나님도 어찌할 수 없이 나를 어둠에 내버려 두시는구나.' 하는 생각이 들면서, 그 어떤 말씀도, 그 어떤 코칭도 남의 이야기 일 뿐 나는 용서받을 수 없는 악인일 뿐이었습니다. '하나님께서도 어지간해야 용서해 주시지.'라는 생각까지 들었으나, 그건 하나님의 뜻이 아닌 귀신의 소리라는 것을 알고, 예수님의 보혈을 의지해서 하나님께 회개기도 드리는 것밖에 다른 방법은 없음을 깨달아 목사님과 코치님들의 축출기도를 받으며 매일 하나님께 불쌍히 여겨 달라고 기도했습니다.

그러던 중 하나님은 나를 어둠에 내버리신 게 아니라는 것을 마음으로 알게 되었습니다. 시편에 나오는 악인들을 향한 저주는, 나를 향한 저주가 아니고 악한 영을 향한 저주라는 것을 마음 깊이 깨닫게 되었습니다. 하나님께서는 날 사랑하고 계신다는 믿음이 생겼습니다. "저는 하나님께서 버리지만 않으시면 돼요." 하면서, '귀신들의 공격이라면 기도하면 되지. 귀신들은 껌이지.' 이 믿음으로 예수 피를 죽어라 외치며 기도했습니다. 그렇게 기도하며 싸워 나가다 보니 어느 순간 지금까지 나를 죽어라고 공격하던 여러 가지 증상들이 모두 사라진 걸 알게 되었습니다.

기도로 고질병과 불치병이 치유된 113人의 체험담

물론 지금은 음식도 맛있게 잘 먹고 체중도 계속 올라가고 있습니다. 게다가 가을이면 어김없이 찾아오던 각종 알레르기, 눈의 가려움증, 결막염, 재채기와 콧물, 비염, 코골이, 무호흡증도 사라졌습니다. 심지어는 치주염으로 잇몸이 부어 4개월에 1번씩 스케일링을 해야만 했는데, 지금은 불편하지 않아 치과 진료를 계속 미루고 있습니다. 지금 생각해 보니 그동안 날 힘들게 했던 햇빛 알레르기도 사라졌습니다. 할렐루야!

하나님께 감사와 영광을 올려드립니다. 아직 하나님께서 해결해 주셔야 하는 부분이 조금 남아 있지만 매일매일 하루가 다르게 좋아지고 있는 걸 느끼고 있습니다. 십자가 보혈 의지하여 귀신들과 치열하게 싸우는 우리 목사님과 코치님들의 축출기도, 지역 영성학교 식구들의 중보기도에 감사드립니다. 온 정성을 쏟아 겸손히 치료해 주시는 영성학교 정원장님과 극진한 보살핌으로 늘 곁에서 기도해 준 남편께도 감사드립니다.

마지막으로, 지난주에 꾼 꿈을 나누고 싶습니다. 영성학교에서 기도훈련을 마치고 가족들과 함께 방추마을 느티나무를 지나 걸어가고 있었습니다. 그런데 도로 한가운데 촉촉하고 반질반질한 커다란 뱀이 죽어 있었습니다. 꿈속이라서 그런지 그렇게 커다란 뱀을 보고서도 무섭지도 징그럽지도 않았습니다. 뱀 옆을 지나가는데 쿵 하는 소리가 들려 뒤를 돌아다보니 뱀 대가리가 땅에 떨어지는 소리였습니다. 뱀 대가리가 얼마나 큰지 송아지 머리만 했습니다. 뱀 몸통을 따라 몇 걸음 더 앞으로 걸어가는데, 뱀굴 쪽으로 뱀 꼬리가 있는데 마지막 남은 힘이 빠지는 것

이 보였습니다. 뱀굴에서는 새끼 뱀 3~4마리가 나와 함께 죽어 있었습니다,

> 그가 찔림은 우리의 허물 때문이요 그가 상함은 우리의 죄악
> 때문이라 그가 징계를 받으므로 우리는 평화를 누리고 그가
> 채찍에 맞으므로 우리는 나음을 받았도다(사 53:5)

저를 어둠에서 빛으로, 사망에서 생명으로, 지옥에서 천국으로 인도해 주신 하나님 은혜에 감사드립니다. 할렐루야!

기도로 고질병과 불치병이 치유된 113人의 체험담

106

극도의 어지럼증과 깨질 듯한 두통, 혼미함, 차멀미를 치유해 주신 하나님

엄청 건강하고 힘이 넘치는 편은 아니었지만 그렇다고 크게 아픈 적도 없었습니다. 심지어 코로나가 극심했을 때도 병원에서 일하며 수많은 코로나 환자를 접했지만, 코로나는커녕 독감도 한번 걸리지 않았습니다. 그러다 영성학교에서 기도를 시작한 지 5개월쯤 됐을 때, 갑작스러운 고열로 며칠을 앓아눕게 되었습니다. 극심한 어지러움으로 누워 있기도 힘들었으며, 몸을 일으켜 앉는 순간 구토와 지독한 두통으로 먹지도 못한 채 며칠을 지내다, 결국 살면서 처음으로 응급실을 경유하여 입원치료까지 받게 되었습니다. 며칠 동안 먹지 못한 영양실조는 수액으로 영양공급을 받고 발열도 잡혔으나, 갖가지 검사에도 원인이 발견되지 않는 어지럼증과 두통은 절 괴롭게 했습니다.

직장도 일주일이나 병가를 쓴 상태라 더 이상 쉴 수가 없어 쓰러지더라도 직장에서 쓰러지자는 일념으로 출근을 하였고, 그럴수록 더 하나님을 하루 종일 의지하지 않으면 한순간도 살아갈 수가 없었습니다. 평일에는 고통 속에서도 하나님을 찾을 수 있어 감사한 하루하루를 살다가, 주말에는 영성학교에서 축출기도를 받았습니다. 시간이 지나갈수록 머리가 가벼워지고, 어지럼증으로 혼자 걷기도 어려웠는데 뛸 수 있게 되며, 어느덧 언제 어지럽고 머리가 무거웠냐는 듯 아프기 전의 상태로 회복되었습니다.

저는 믿음이 약한 사람이라, 깨질 듯한 두통과 정신이 혼미해지는 어지러움에 하나님을 원망하기도 하고, '나는 평생 어지럽고 머리가 먹먹하게 안개 낀 상태로 살아야 되나 보다.' 하는 귀신이 주는 생각을 받아들여 낙심하기도 했습니다. 그러나 계속 옆에서 지지해 주시는 코치님과 기도해 주시는 목사님의 도움으로 그 생각과 싸우고 더 가난한 마음으로 하나님을 찾고 찾았습니다. 그러다 보니 어느덧 몸의 회복은 물론이고 한층 더 성장한 믿음으로 기도하고 있는 저를 볼 수 있었습니다. 관념적으로 믿는 하나님이 아닌, 선하신 하나님의 뜻을 의심치 않고 늘 나에게 좋은 것을 주실 아버지를 신뢰하며 고통 속에서도 낙심치 않고 인내로 하나님께 나아갈 때 밝은 빛 속으로 날 이끄심을 믿습니다.

추가로 저는 평생을 심한 멀미로 고생하며, 차만 타면 무조건 자야 했던 삶을 살아왔습니다. 서울에서 충주까지 다니면서 제일 힘들었던 것도 차를 타는 것이었고, 평생을 내 일부처럼 지내왔던 멀미라 하나님께 기도할 생각도 못 한 채 왔습니다. 그런데 어느 날 영성학교를 마치고 집에 가던 도중, 엄마가 "왜? 멀미 나?"라고 묻는데, 어라? 저도 인식하지 못한 사이에 멀미가 없어졌다는 것을 알게 되었습니다. 그것도 꽤 오래전부터요. 이렇게 내가 구하지도 않았지만, 나의 필요를 아시고 은혜를 베푸시는 하나님을 찬양하며 할렐루야를 외칩니다.

기도로 고질병과 불치병이 치유된 113人의 체험담

107

장염, 위염, 만성 소화불량, 우울증, 불면증에서 벗어나게 해 주신 하나님께 영광 돌려드립니다

영성학교에서 훈련받고 있는 40대 초반 남성입니다. 먼저 이 글을 쓸 수 있게 허락해 주신 하나님께 감사와 영광을 돌립니다. 저는 자동차 정비업에 근무하고 있으며 영성학교에서 훈련받기 전에는 다른 사람들과 다를 바 없이, 교회에 다니며 열심히 봉사하고 각종 헌금 열심히 내는 청년이었습니다. 부모님은 일찍이 이혼하셨고 가난도 대물림된다고, 저또한 고등학교 때에 취업을 나가서 생활 전선에 뛰어들었습니다. 어린 나이에 어른들 틈 속에서 시작한 사회생활은 정말 만만치 않았습니다. 밤늦게까지 야근할 때가 많았으며 식사도 제대로 갖추어 먹지 못할 때가 많았습니다. 그러다 보니 몸은 점점 쇠약해졌으며 장염, 위염, 불면증에 우울증까지 왔습니다. 지푸라기라도 잡는 심정으로 교회에 다니면서 차량 봉사 활동, 중고등부 교사, 예배 준비위원, 찬양인도자 등, 여러 가지 봉사 활동을 하며 각종 헌금도 많이 냈지만, 삶은 나아질 기미가 없었습니다. 그렇게 스스로 희망 고문하며 하루하루 살아가고 있었습니다.

그러다가 교회 전도사님으로부터 영성학교를 소개받았습니다. 기도만 하면 그리고 하나님의 이름을 부르기만 하면 하나님께서 삶을 이끌어 주시는데, 그 조건이 날마다 하나님께 기도하는 습관을 들여야 한다는 것이었습니다. 많이 망설였습니다. 하루에 10분도 제대로 기도하지 않았던 제가, 하나님께서 요구하시는 기도의 습관을 들인다는 것은 거대한 벽을 마주 보고 있는 것과 같았습니다. 생각의 꼬리를 잘라내고, 목사님께 기도 코칭을 요청하였습니다. 그렇게 하여 영성학교를 처음 방문하여 기도훈련을 시작하였을 때, 복근 명치에 있었던 덩어리가 쑥 내려가는 느낌이 나더니 조금씩 조금씩 소화기능이 살아나기 시작했습니다. 30대였지만 몸은 온전한 곳이 없었기에 기도할 수 있는 기초체력도 없었습니다. 그럴 때마다 숨을 깊게 들이마시고 깊게 내쉬면서 속으로 간절히 하나님의 이름을 불렀습니다. 기도하다가 졸기도 일쑤였습니다. 몸이 너무 아파서 며칠 동안 누워 있을 때, 제가 할 수 있는 거라고는 회개밖에 없었습니다. "하나님, 저를 불쌍히 여겨 주세요. 온전히 하나님께 기도하지 못한 저를 용서해 주세요." 하면서 간절히 기도하였지만, 머리가 너무 아플 때면 정신과 기도의 끈을 놓는 일이 다반사였습니다. 각종 몸에 좋다는 약들을 먹어 보았지만 별로 효과는 없었습니다. 기도는 하고 있지만, 늘 집요하게 공격해 오는 악한 영들은 기도훈련을 포기하라고 하였습니다. 몸이 아프면 항상 좌절감이 뒤따르는 것이 가장 큰 어려움이었습니다. 환경이 문제가 아니었습니다. 나 자신이 얼마나 하나님을 믿고 신뢰하는지가 문제였습니다.

영성학교에 다니면서 기도훈련하고 있지만, 과연 나는 하나님을 믿고 신뢰하는가? 지금 하고 있는 이 기도가 바리새인처럼 나 자신의 의를 드

기도로 고질병과 불치병이 치유된 113人의 체험담

러내고 있지 않는가? 그렇게 늘 머릿속이 복잡했기에, 불면증으로도 이어져서 하루에 2~4시간밖에 못 잘 때가 허다했습니다. 그럼에도 불구하고 사랑하는 아내가 옆에서 늘 기도와 사랑으로 응원해 주고, 영성학교에 가면 코치님의 축출기도의 도움을 받아 몸은 조금씩 조금씩 회복되어 가고 있었습니다. 그것은 저의 아내가 증명해 주었습니다. 아주 안 아픈 것은 아니지만, 일주일에 2번 이상 가던 병원을 1달에 1번 갈까 말까 한다고 신기해하였습니다. 오랫동안 교회에 다녔지만, 죄로 인하여 병이 생긴다는 것에 무지했기에 오직 기도의 습관을 들여 회개함으로 하나님 앞에 나아갈 때, 하나님께서 그 믿음을 보시고 몸과 마음을 치유해 주심을 경험하였습니다. 그리고 걱정, 두려움, 분노들이 들어올 때, 악한 영들이 쳐놓은 감옥에 내 의지와 상관없이 갇혀 있을 때면, 늘 하나님께 감사하고 영광 돌리며 찬양의 제사를 드렸습니다. 그럴 때면 하나님께서 환경에 상관없이 마음속에 기쁨을 주시니 우울증과 불면증이 와도 두려움을 이길 수 있었습니다.

기도훈련을 하면서 느낀 점은 사람이 할 수 있는 것은 아무것도 없으며, 오직 하나님께서 삶을 이끌어 주셔야만 한다는 것입니다. 이렇게 기도훈련 할 수 있는 영성학교를 세워 주신 하나님께 영광과 찬송을 드립니다.

108

심한 빈혈, 허리디스크, 목디스크, 자가면역질환, 우울증, 어깨와 척추질환을 치유해 주신 하나님

저는 영성학교에 오기 전 몇 번의 수술도 하고 아픈 기간도 있었지만, 기도훈련을 하면서 이전과는 비교가 안 될 정도로 깊이 숨어 있던 몸의 연약함이 계속해서 드러났습니다. 극심한 빈혈, 허리디스크, 목디스크, 자가면역질환까지 드러났고, 몇 년은 계속 감기가 떨어지지 않는 상태에서 기도하기도 했습니다. 기도할수록 통증은 심해지고 어떤 것은 낫고 새로운 통증이 드러나는 것이 계속 반복하더니, 어느 순간부터는 그 이전보다 피곤을 덜 느끼게 되고 일상에서 좀 더 수월해지는 것을 느꼈고 통증이 해결되기 시작했습니다. 의학의 도움을 받기도 하였지만, 그 도움은 작았던 것 같고 기도를 지속해 나가면서 해결되었던 것 같습니다.

언니는 20년간 우울증과 정신질환을 앓으면서 외출을 하지 못할 정도로 심한 상태였고 혼자 집에서 기도하다가 오히려 더 심한 공격을 받게 되었습니다. 그래서 영성학교에 와서 기도훈련을 받았는데 1년도 되기 전에 정신질환에서 벗어났습니다. 언니 또한 기도하면서 가족력인 척추 (어깨, 목 등) 쪽의 통증이 심해졌고 기도를 지속하면서 통증이 사라졌습니다.

엄마는 영성학교 오기 전에 이미 몸(어깨 및 척추질환 등)과 마음(불안증 등)이 많이 안 좋은 상태였고 그로 인해 일상에서도 통증이 극심한 상태였습니다. 또 양쪽 어깨 연골이 다 닳아서 수술을 반드시 받아야 했는데 수술받지 않고도 1, 2년 후에는 직장생활이 가능해졌고 마음의 불안증도 사라졌습니다. 하나님께서 저와 가족에게 치유의 기적과 은혜를 베풀어 주셔서 너무 감사합니다.

109

고혈압, 무기력증이 회복되고 건강을 되찾게 해 주신 하나님께 감사드립니다

제가 영성학교에 온 지는 2년 정도 되었지만 여러 가지 사정으로 기도 훈련을 못 하고 있다가, 대전 영성학교가 세워지면서 7월부터 기도훈련에 적극 동참하게 되었습니다. 저에게는 당뇨, 고혈압의 불치병이 있었고 췌장암 2기 수술을 받은 지 이제 4년쯤 되었습니다. 그래서 그런지 늘 피곤하고 약간의 무기력함도 있었습니다. 집중기도를 시작하면서 보름쯤 될 때부터, 기도를 하면 머리가 너무 흔들리게 아프기 시작하여 귀신의 방해가 심해졌습니다. 코치님의 축출기도를 받으며 더 강하게 기도를 하면서 심하게 아프던 머리가 아프지 않게 되었습니다. 그러나 이어서 온몸이 가렵고, 소화도 안 되고, 밥맛도 사라지고, 등도 아프고, 정말 기도하기가 힘들어서 마음의 갈등이 약간 생기기도 했습니다. 축출기도를 하고 목사님의 코칭을 들으며 선제공격하는 기도를 하게 되면서, 10월 둘째 주쯤 되었을 때 온몸이 가벼워지고 조금만 무리해도 피곤했던 몸이 정말 새로워짐을 느끼게 되었습니다.

병원에 가서 진료를 마친 후에, 의사 선생님께서 혈압조절이 어느

기도로 고질병과 불치병이 치유된 113人의 체험담

때보다 잘되고 있다고 말씀해 주시고, 혹 전이되지 않았을까 불안했던 췌장도 건강하다고 칭찬해 주셨습니다. 영성학교로 인도해 주신 하나님께 감사하며, 우리를 훈련해 주시는 목사님께 감사드립니다. 가족과 이웃 영혼구원을 위해 더욱 열심히 기도훈련을 하며, 마지막 때 영혼구원에 힘쓰는 자가 되겠습니다.

110

중증 조현병에 걸린 불쌍한 영혼을 구해 주신
하나님을 찬양합니다

영성학교에 오기 전, 저는 정신적으로 큰 어려움을 겪고 있었습니다. 문제를 해결하기 위해 기도원에도 가 보고 기도도 받아 보았지만, 해결되지 않았습니다. 고등학교에 입학하고 얼마 못가서 휴학신청을 하고 집에서 지내면서 상태가 더 심각해져 말, 생각, 행동이 제대로 되지 않는 중증 조현병 상태로 지냈습니다. 그러던 어느 날 부모님 지인의 소개로 영성학교를 오게 되었고 부모님과 함께 기도훈련을 받게 되었습니다.

집에서는 하루의 대부분을 기도하면서 보냈고, 목요일이 되면 영성학교에 가서 목사님의 축출기도를 받으면서 기도훈련을 하였습니다. 기도하면서 마음이 힘들 때도 있었지만, 믿음을 잃지 않고 계속 기도하였습니다. 말도 못 하고 혼자서는 행동도 못 했기에 가족들의 도움으로 움직일 수 있었습니다. 몇 개월이 지난 후 기적적으로 치유되었고 다시금 일상생활을 할 수 있게 되었습니다. 하지만 시간이 좀 지나고 상태는 다시 악화되었습니다. 그 후로도 좋아지다가 다시 악화되는 일이 반복되었습니다. 그러나 부모님은 저를 포기하지 않으셨고, 계속 영성학교에 데리

기도로 고질병과 불치병이 치유된 113人의 체험담

고 다니시면서 기도훈련을 시키셨습니다. 저도 영성학교에서 시키는 대로, 부모님이 시키는 대로 따르며 기도하려고 노력했습니다. 목사님도 코치님들도 저를 포기하지 않으시고 저를 위해 끊임없이 기도해 주셨습니다.

그리고 저는 드디어 스스로 공부할 수 있을 만큼 회복되어, 이후 검정고시를 보게 되었고 합격한 뒤 지금은 대학생이 되어 공부하고 있습니다. 하나님의 은혜에 감사드립니다. 저를 이렇게 이끌어 주신 목사님과 코치님, 주변에서 저를 도와주셨던 많은 분들께 감사를 드립니다. 이 은혜 잊지 않고 항상 하나님께 감사하며, 평생 기도하며 살아가고 싶습니다.

111

가슴 답답증과 통증 그리고 안면홍조증을
치유해 주신 하나님

할렐루야! 영성학교를 알게 하시고 성령내주 기도훈련을 받도록 인도해 주신 하나님께 감사드립니다. 5분 기도하는 것도 길고 지루하게 느꼈던 제가, 아침저녁 1시간씩 힘주며 기도하기 시작하였고, 기도하면서 귀신이 내 안에 잠복해 있음을 알고는 매주 영성학교에 가서 기도훈련을 받았습니다.

20대에 직장생활을 시작했는데, 언제부터인가 숨 쉬는 게 답답하고 가슴이 굉장히 답답하면서 무거운 것이 가슴을 누르는 듯한 통증으로 많이 힘들고 괴로웠습니다. 심장에 무슨 문제가 있나? 하는 걱정과 두려움이 밀려왔습니다. 병원에 가는 것이 부담스럽고 막연하여 선뜻 가지 못하고, 그렇게 힘들 때마다 '큰 병이 생긴 것은 아닐까?'라는 막연한 두려움과 염려 속에서 살다가 30대 중반쯤에 하나님을 부르는 기도를 시작하였습니다.

아침저녁 1시간씩 힘주며 기도하였고 기도하기 싫어하는 육체를 꺾고 기도했지만, 집중은커녕 잡념만 가득하여 잘 안되는 것 같았습니다. 그래도 매일 기도하는 습관을 들이는 훈련을 계속 이어갔습니다. 그토록 오랫동안 나를 괴롭히던 질병이 언제 사라졌는지 모르겠지만, 언제부터인가 가슴을 짓누르는 통증과 답답함이 없어지고 숨 쉴 때 누르는 듯한 통증도 사라져 자연스레 편안한 호흡을 하게 되었습니다.

또한 저는 어린 시절부터 안면홍조증이 있어서, 온도 차이가 나거나 감정이 격양되면 열이 확 오르면서 얼굴이 붉어지고, 그게 한번 생기면 금방 사라지지 않고 최소 1시간 이상 갔습니다. 안면홍조증에 도움이 되는 것들을 찾아서 해 보아도 큰 차이가 없어 오랫동안 불편한 동반자로 여기며 살았는데, 저도 모르게 언제 그렇게 된 건지 비정상적으로 화끈거리는 열과 안면홍조증에서 해방되었습니다. 하나님을 부르는 기도를 하면서 저의 오랜 고통을 저도 모르게 말끔하게 낫게 해 주신 하나님께 감사와 영광을 올려드리며, 주어진 오늘 하루 하나님을 전심으로 부르는 기도에 온 마음을 쏟도록 애쓰겠습니다.

다낭성난소증후군, 미주신경실신, 갑상선기능저하증,
불안증세를 치유해 주신 하나님

저희 가정에서 일어났던 치유 사례입니다. 저는 돈을 벌어야 했기에 직장에 얽매여 가정도 제대로 돌보지 않았고, 아이들이 어떠한지도 모르고 살았습니다. 정신을 차리고 현실을 보니 당시(2년 전) 21살이던 큰딸은 다낭성난소증후군으로 무월경 증상이 있었습니다. 산부인과에서 처방해 주는 약을 먹게 되었는데, 이 약이 장기복용을 하면 유방암의 부작용이 있었고 약을 복용해도 월경이 하루 이틀 만에 멈췄기 때문에 2달 정도 먹고 끊었습니다.

둘째 딸은 2021년 12월 11일 집에서 갑자기 쓰러져 응급실에 실려 갔습니다. 병명은 미주신경성실신으로 약도 없고, 물 자주 마시고, 쓰러질 것 같으면 주저앉아 부상을 최소화시키는 것밖에 다른 처방이 없었습니다. 그러다 2022년 2월에 다시 실신을 하면서 머리를 모서리에 부딪치는 부상을 입었습니다. 당시 고등학생이라 학교에서나, 길을 가다가도 쓰러질지 몰라 늘 걱정, 근심이었습니다. 이 시기에 전에 없던 월경통이 시작되었는데, 마치 장염 증상과 같이 심한 복통과 구토증세까지 있어 응급실에 가 진통제 처방을 받기도 하고 학교를 결석하는 날이 여러 번 있었습니다.

그러다 이 기도를 2022년 5월부터 시작하면서 큰딸은 완전하지는 않지만 2달에 1번씩 월경을 하고 있으며, 둘째 딸은 그 이후로 실신을 하지 않았고 극심한 월경통도 사라졌습니다.

저도 중학생 때부터 갑상선기능저하증이 있어서 약을 먹고 살다 부모님의 회개기도로 고등학교 때 완치판정이 나와 약을 끊고 지금까지 지냈습니다. 그런데 2021년 초음파검진에서 갑상선이 부어 있다고 했고, 2023년 1월 검진에서도 갑상선이 2021년보다 더 부어 있다는 결과를 듣게 되었습니다. 외관상으로도 갑상선이 부어 있었습니다. 하지만 하나님 부르는 기도를 하면서 잊어버리고 있었는데, 3달 전쯤 영성학교 주일예배를 드릴 때 찬양 시간에 '어? 높은음이 나오네?'라는 생각이 들었습니다. 찬양을 부를 때 높은음이 나오지 않아 보컬 학원에 다니기까지 했는데 교정이 안 되어 포기했던 저였습니다. 그리고 목을 만져봤는데 목이 불룩한 것 없이 매끈해진 것을 알게 되었습니다. 그러고는 이전에 내가 찬양을 부르던 모습들이 떠올랐습니다. 내 의, 내 만족으로 불렀고, 남들보다 음악적 재능이 있다고 생각하여 가르치려 들었고, 교만함으로 얼마나 성질과 고집을 부렸는지 깨닫게 되었습니다. 내 입을 열어 쉰 목소리라도 찬양할 수 있는 것이 모두 하나님의 은혜임을 알게 되니 회개가 저절로 나왔습니다.

또한 저는 어렸을 때부터 불안증세로 손톱을 피가 날 때까지 물어뜯었습니다. 이것을 고치지 못해서 남들 앞에 부끄러워 손을 내놓지도 못했고 손톱깎이로 손톱을 깎는 사람들을 무척이나 부러워했습니다. 그러나

얼마 전부터 그 습관이 사라지고 손톱깎이로 깎고 있으니 이것도 할렐
루야입니다.

113

류머티즘성 관절염을 깨끗하게 치유해 주신 하나님을 찬양합니다

5년 전 다리의 통증과 손가락의 통증으로 병원에 가니 염증수치가 높아서 일주일에 2회 정도 물리치료를 받아야 한다고 했습니다. 병명은 류마티즘성 관절염이었습니다. 병원약을 먹다 보니 너무 독해서 병원치료를 포기하고, 인터넷 검색을 통해 미국에서 나오는 MSM 조인트라는 건강식품을 먹었습니다. 이것을 먹으면서 통증이 완화되었는데, 지속적으로 먹으니 간수치가 높아져서 약을 중단하게 되었습니다. 제가 절망 가운데 있으니 지켜보던 남편이 맨발 걷기를 권면하였습니다. 맨발 걷기를 하면서 통증이 완화되었는데, 이 또한 감기에 걸리면서 더 이상 할 수 없게 되었습니다. 통증으로 고생하는 가운데, 치유사례 간증문과 목사님의 퍼스널 코칭을 읽고 들으면서 집중기도를 해야겠다는 생각이 들어 처음으로 질병을 놓고 기도하였습니다.

다리를 부여잡고 "하나님, 관절염을 고쳐 주시옵소서. 저를 불쌍히 주세요. 방법이 없습니다." 기도했고, 악을 쓰며 예수 피 외치기를 3일 정도 했습니다. 아침에 일어나니 손가락과 다리에 통증이 사라져서 너무 감사해서 하나님께 감사기도를 드렸습니다. 지금도 혹시 꿈이 아닌가 하며 다리를 만져 보니 완전 정상입니다. 하나님께서 고치시니 100%이고 부작용도 없습니다. 지속적으로 일대일 코칭을 받고, 말씀을 읽고, 기도 리포트를 쓰는 것이 처음에는 버거웠는데 이것이 자양분이 되어 죄를 깨닫고 회개하고 하나님 뜻을 알게 되었던 것 같습니다.

기도로 고질병과 불치병이 치유된 113人의 체험담

에필로그

　세상 사람들은 물론, 대부분의 크리스천들도 기도로써 고질병이 치유되고 불치병이 나았다고 하면 의심스러운 눈초리로 쳐다보거나 믿지 못하는 표정이 역력하다. 그도 그럴 것이, 그동안 이렇게 말하는 교회나 기도원의 목사들이나 관계자들의 주장이 과장되거나 거짓으로 밝혀졌기 때문이다. 심지어는 예전에 유명한 TV 프로그램인 〈그것이 알고 싶다〉에서, 모 기도원 원장이 집회에서 공개적으로 손으로 암 덩어리를 빼내면서 치유되었다고 주장하는 현장을 취재하고 방영하면서, 그들의 주장이 거짓으로 드러나기도 했다.

　세상 사람들이야 그렇다 치고, 교인들조차 성령의 능력으로 고질병이나 불치병을 치유하는 주장에 대해 반응이 시원찮다. 그 이유는 사도행전에 나타나는 초대교회의 성령의 능력에 의한 치유의 은사, 성경이 완성된 이 시대에는 더 이상 나타나지 않는다는 신학자들의 주장을 받아들여 교단교리로 삼았기 때문이다. 특별히 개인에게 나타난 치유의 역사마저 강하게 부정하지 않더라도, 성령의 은사를 부정하는 목사들의 가르침을 오래 들어왔기 때문에, 실제로 일어난 사례를 긍정적인 눈으로 바라보지 않게 되었다.

그러나 크리스천 영성학교는 아니다. 영성학교는 성령의 명령으로 설립되었고 지금까지 운영되고 있기 때문이다. 그 증거는 성령께서 필자에게 영성학교를 세워 주시면서, 귀신을 쫓아내고 고질병과 불치병을 치유하고 사람들의 삶의 문제를 해결하면서 영혼을 구원하는 사역을 하라는 명령을 내려주셨기 때문이다. 그래서 9년이 넘게 이 사역을 통해서 영혼구원의 미션을 수행하고 있는 중이다. 그러나 지금까지는 영성학교에서 일어난 경이로운 치유사례를 공개하는 일에 소극적이었다. 왜냐면 영성학교는 성령이 내주하는 기도훈련을 하여 기도의 일꾼과 악한 영을 쫓아내는 정예용사를 양육하여 영혼구원 사역을 하는 것이 궁극적인 목적인데, 귀신을 쫓아내거나 불치병의 치유에 관심이 쏠려서 시간과 에너지를 쏟아붓게 되면 본래의 목적이 전도될 수 있다는 우려 때문이었다.

그러나 감사하게도 9년이 넘는 세월 동안 기도훈련을 시작한 훈련생들이 인내로써 훈련을 잘 수행하여, 지금은 기도훈련을 감당하는 코치와 성령의 능력을 드러내는 정예용사들이 속속 배출되고 있다. 그래서 이제부터는 많은 사람들에게 영성학교에서 일어난 놀라운 사례들을 밝혀도, 영성학교 본래의 설립 목적을 수행하는 데 큰 지장이 없을 거라는 판단이 서게 되었다. 그래서 이참에 영성학교에서 기적과 이적으로 고질병과 불치병이 치유되고 장애가 회복된 사례들을 모아서 책으로 출판해서, 병원에서 치유되지 않는 고질병과 불치병으로 고통받고 있는 사람들에게 새 희망의 빛을 주고 싶다. 예수님께서 십자가에서 흘리신 보혈의 능력으로 사탄의 권세하에 사로잡혀 불행과 고통 속에서 신음하고 있는 백성들이 치유를 받고 고통스러운 고질병과 불치병에서 해방되는 것이 하나님의 뜻이지 않은가?

> 그가 찔림은 우리의 허물 때문이요 그가 상함은 우리의 죄악
> 때문이라 그가 징계를 받으므로 우리는 평화를 누리고 그가
> 채찍에 맞으므로 우리는 나음을 받았도다(사 53:5)

> 또 이르시되 너희는 온 천하에 다니며 만민에게 복음을 전파
> 하라 믿고 세례를 받는 사람은 구원을 얻을 것이요 믿지 않는
> 사람은 정죄를 받으리라 믿는 자들에게는 이런 표적이 따르리
> 니 곧 그들이 내 이름으로 귀신을 쫓아내며 새 방언을 말하며
> 뱀을 집어올리며 무슨 독을 마실지라도 해를 받지 아니하며
> 병든 사람에게 손을 얹은즉 나으리라 하시더라 주 예수께서
> 말씀을 마치신 후에 하늘로 올려지사 하나님 우편에 앉으시니
> 라 제자들이 나가 두루 전파할새 주께서 함께 역사하사 그 따
> 르는 표적으로 말씀을 확실히 증언하시니라(막 16:15~20)

구약시대의 대선지자 이사야는 유명한 예수님의 예언을 통해서, 그가
십자가에서 징계를 받아 우리가 평안을 누리고, 손과 발에 대못이 박히
고 창으로 허리를 찔림으로 우리가 치유를 받고 낫게 됨을 예언하였다.
그래서 예수님의 보혈을 토대로 기독교가 세워졌음은 물론이다. 예수님
이 승천하시면서 제자들에게 유언처럼 부탁하신 명령이 마가복음의 마
지막 장에 나타나 있다. 복음을 받아들여 구원을 얻는 자는 믿음의 표적
으로 귀신을 쫓아내고 질병을 치유하는 성령의 능력으로 영혼을 구원하

는 사역을 하게 될 것이라고 말이다. 그래서 제자들은 복음을 두루 전파하며 성령이 나타내시는 표적으로 말씀을 증거하였다.

그래서 현대 교회가 신학자들의 주장을 교단교리로 세워 가르치면서, 초대교회의 은사는 현대 시대에 더 이상 없다는 투의 주장들은 위의 성경말씀과 많은 차이가 있다. 이를 두고 수많은 영혼들이 영적 잠에 빠져 종교적인 행사를 반복하는 종교주의자들이 되면서, 무능하고 무기력한 믿음으로 고단하고 팍팍하게 살아가는 게 그 증거이다. 그 결과 교회가 속절없이 무너지고 쇠락해 가고 있는 실정이다. 지금이라도 성경에서 명령하신 대로 쉬지 않고 하나님을 부르며 전심으로 성령이 내주하는 기도의 습관을 들여 성령과 동행하는 삶을 살게 된다면, 초대교회처럼 놀라운 기적과 이적이 드러나는 성령의 능력으로 고질병과 불치병이 치유되고 장애가 회복되는 소문으로, 수많은 세상 사람들이 구름떼처럼 교회에 몰려들어 복음을 받아들이고 하나님의 백성이 되는 구원의 역사가 일어나게 될 것을 믿어 의심치 않는다. 그래서 심판 날이 시시각각으로 다가오는 암울한 이 시대에, 영적 잠에서 깨어난 하나님의 백성들이 할렐루야를 외치며 하나님을 찬양하며 경배하면서 천국으로 들어가는 날로 채워지기를 바라 마지않는다.

크리스천 영성학교, 쉰목사

기도로 고질병과 불치병이 치유된 113人의 체험담

기도로 고질병과 불치병이
치유된 113人의 체험담

ⓒ 신상래, 2024

초판 1쇄 발행 2024년 2월 15일

엮은이   신상래
펴낸이   이기봉
편집   좋은땅 편집팀
펴낸곳   도서출판 좋은땅
주소   서울특별시 마포구 양화로12길 26 지월드빌딩 (서교동 395-7)
전화   02)374-8616~7
팩스   02)374-8614
이메일   gworldbook@naver.com
홈페이지   www.g-world.co.kr

ISBN   979-11-388-2779-9 (03230)

• 가격은 뒤표지에 있습니다.
• 이 책은 저작권법에 의하여 보호를 받는 저작물이므로 무단 전재와 복제를 금합니다.
• 파본은 구입하신 서점에서 교환해 드립니다.